閉塞感のある社会で生きたいように生きる

オルタナティブ大学で学ぶ

シューレ大学 編

東京シューレ出版

はじめに

NPO法人東京シューレ理事長
奥地　圭子

私たちが新しいタイプの大学である「シューレ大学」を船出させて、ちょうど一〇年になります。小さな大学ですが、とても面白い大学です。シューレ大学は、日本でただひとつのオルタナティブ大学で、日本のフリースクールの草分けといわれる東京シューレを母体としています。

学生の手によって運営し、やりたいテーマを自分に合った方法で探求し、入試もなく、在学年数も自由な大学を創り出したいと、若者やスタッフで二年近く熱い議論の末に生まれたシューレ大学は、東京シューレの一五年目にあたる一九九九年に始まりました。莫大な予算がなくても、学びたい人と水先案内人、そして集う場があれば、大学は本質的にはできるのです。

現在、文部科学省の学校基本調査によれば、大学・短大の進学率は五三パーセントとなり、かつての日本では考えられない高学歴社会となりましたが、肝心の学生たちは、大学における研究・探求にどれだけ充実感を持ったり、主体性が形成されているかという視点で見たとき、大学関係者の嘆きの声を思い出さざるを得ません。大学に入学するまでの受験競争に勝つための勉強は、早い子どもでは小学校、いや幼稚園から始まっています。これまでの日本社会の学びのあり方は、いざ大学入学の目的を果たし、本当に自らが研究したいものに取り組む時になって、はたと困ってしまうくらい、自分が何を研究したいか分からない学生をかなり生み出しているように思えます。単位習得のためには動けたとしてもです。

もちろん、シューレ大学の学生たちも、はじめは自分が何をやりたいかわからない状態であったり、やりたいと思っていたものが実は表面的だったりすることもありますが、シューレ大学の環境のなかで、次第に自分から出発する研究や表現の魅力にはまり、探求の旅のなかで知ること、表現することが、自分や他者との関係を変え、生きて存在すること自体を深く承認できることになっていきます。

なぜそうできるのか。それは、学生自身が著したこの本を読んでいただくとわかっていただけることでしょう。そして、学ぶとは何か、研究とは何か、自由とは何かなど、生き難さを感じる現代に、自己を失わず生きていくうえで考えさせられるものがあることを感じていただけることでしょう。

私たちは、つながりを大切にしながら、新しいものを創り出してきました。

このたび一〇周年を迎えられたのも、この本に寄稿いただいた芹沢俊介さんをはじめとする水先案内人の方々、またこれまで、大学づくりに関わってくださった多くのみなさんの力添えがあってのことです。ここにお礼申し上げます。

またシューレ大学一〇周年、東京シューレ二五周年を迎える年に、この本が出版できたことは大きな喜びです。そして「行け行けどんどん」ではない、新しい価値観の創造が必要とされる今後の日本社会・国際社会のなかで、これからの出会いを楽しみながら活動を続けていきます。

この本をお読みになり、シューレ大学や東京シューレに関心をお持ちになった方は、是非ウェブサイト、出版物、訪問などを通して、より知ってくださると幸いです。

第4章 「自分研究」論文 89

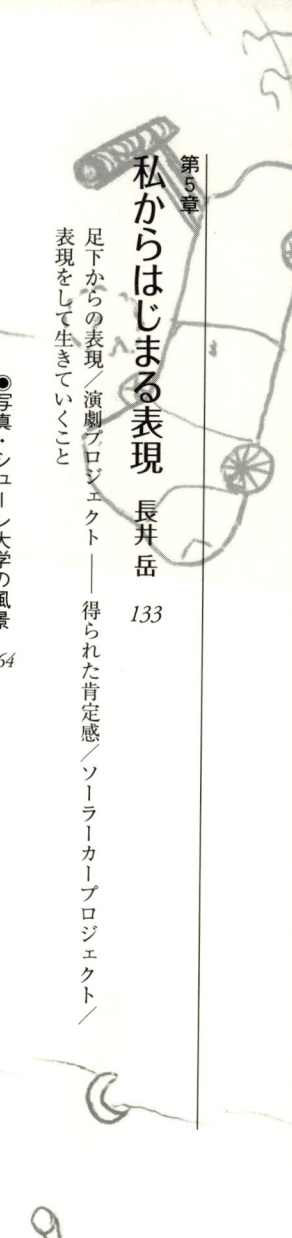

第1章

◉

シューレ大学を創ること、シューレ大学の学生であること

◉

朝倉景樹

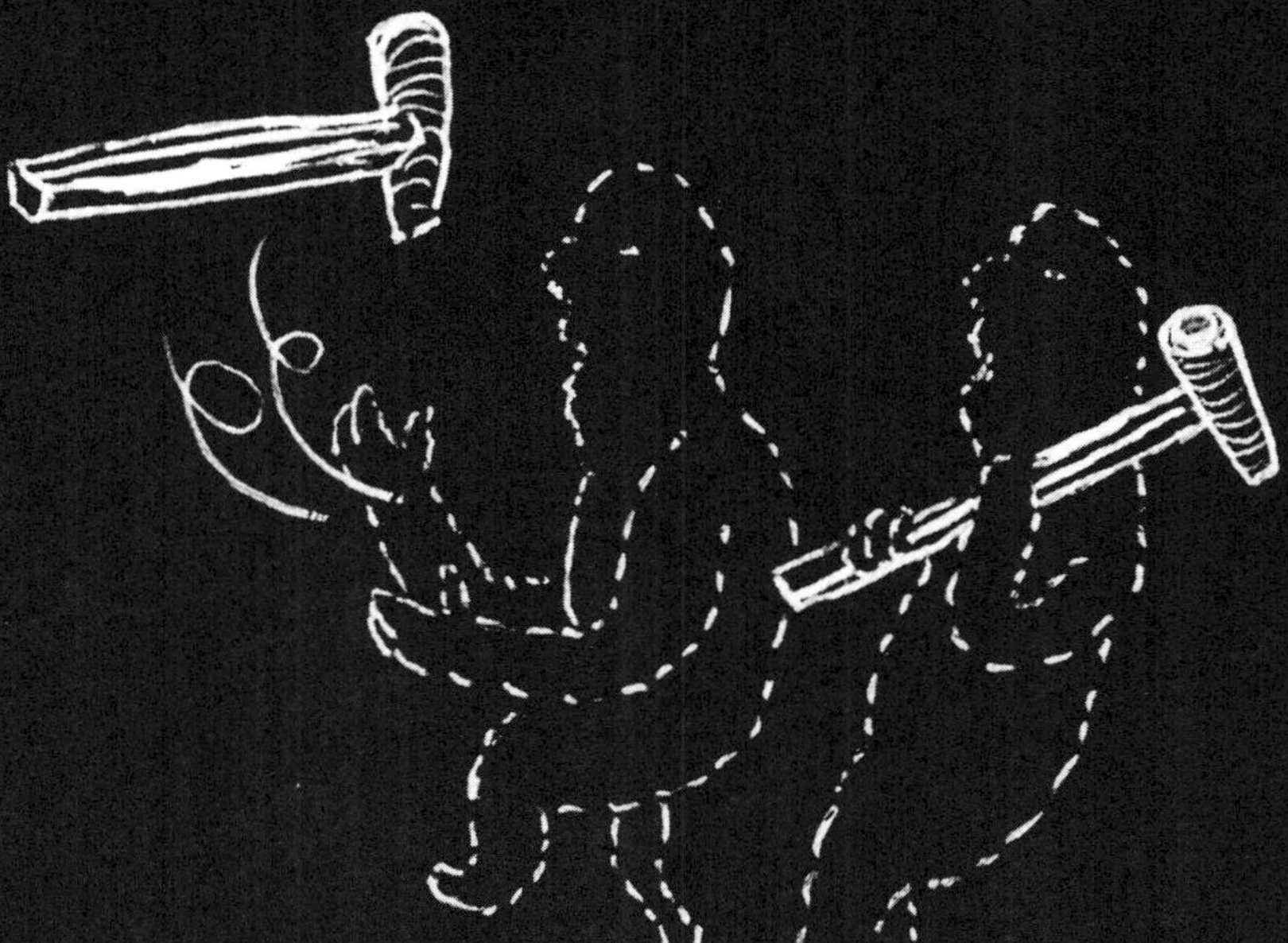

この本は、シューレ大学に通っている学生が、自らの研究や実践や表現を通じて、何を感じどう変化してきたのかを、キーワードである「私から始まる」を中心に書き綴られたものである。

学生の経験や思いが書かれた渾身の文章を読んでいただく前に、まず、シューレ大学とはどんな場所でどんな活動しているのかを知っていただく必要があると考え、この章でシューレ大学の概要をスタッフの私、朝倉から説明させていただこうと思う。

ないものとあるもの

シューレ大学は珍しいことに事欠かない。一般的にあるものがなかったり、そんなことがあるのかということが存在したりする。

シューレ大学はＮＰＯが設立し運営する大学だ。文科省認可の大学ではないため、何年いても大学卒の資格は取れない。入るのに学歴はいらない。小学校一年生で学校に行かなくなった学生から、高校を卒業してくる学生、シューレ大学に入るため一般の大学を中退して入学した学生、大学を卒業してから入学した学生、いろんな学生がいる。

一般の大学は四年制だが、シューレ大学にはそのような年限はない。何年在籍するのかは自分で必要な期間を決める。出席の縛りもない。「自分がいるところがシューレ大学」とうたっているから、必ずしも通うことが前提ではない。時にインターネットを活用して自宅からつながりながら、たまにシューレ大学に通う学生もいる。

学部、学科という枠もない。シューレ大学はいたってシンプルで、自分が取り組みたいことを実現していくだけである。理科系、文化系という分類も発想もない。どちらであれ関心があることに取り組んで行くのだ。また、単位という概念も、点数による評価もない。だから、単位や成績が取りやすい授業を受けるという発想もない。そもそも、共通のカリキュラムもないし、講座を選ぶ際に参考にするシラバスもない。

では、どのように大学での生活を送っているのだろうか。

シューレ大学では、一人ひとりが一年ごとに自分の探求や学びの計画を立て、進めていく。半年ごとに振り返り、修正を行いながら、年度の終わりに一年を振り返り、ほかの学生やスタッフの前でその活動を報告するのだ。

報告のしかたは様々だ。パソコンを使った口頭発表もあれば、制作した映像の上映もあるし、美術作品の展示や朗読劇の上演というのもある。そして、シューレ大学で得たいことを獲得したと思う時にシューレ大学を巣立っていく。様々な言い方ができるが、まとめていうと「シューレ大学は知りたいこと、表現したいことを思う存分、試行錯誤する場所」であるのだ。

学生が創る大学

シューレ大学は自分(たち)で創る大学である。先述の通り、カリキュラムを自分個々に作るだけでなく、講座も自分たちで創っている。

講座は学生の提案から始まる。例えば、近代日本社会の歴史の講座を始めたいという提案があると、関心のある学生がどんなことをどのように知りたいのか、希望を出し合う。週に一回か、二回かといった講座の頻度や日時の調整、講師を誰にするのかなども話し合いで決めていく。ディスカッション中心か、フィールドワーク中心で行うか、レクチャーを重視するのかなどのやり方も話し合いのうえ決定する。「時代の流れをまずは大づかみにしたい」とか、「文化の流れに重点を置きたい」、「子どもの生活・世界から見た日本史を見たい」というような内容の方向性も、具体的に決めていくのだ。

話し合いのうえで決定しても、思った通りにいかず、途中からもっとふさわしいやり方がいいとなった時には、学生が問題提起し、講座の進め方を再検討するということも少なくない。講座は生き物で、講座に参加している学生の求めるものに応じて、姿を変えていくのだ。

シューレ大学には映像、演劇、音楽、ソーラー（旧ソーラーカー）と四つのグループプロジェクトがある。これらのグループプロジェクトは、複数の学生が共同で何かをつくるような活動だ。基本は講座と同様に、参加する学生が講座やグループプロジェクトを話し合いから創り合う感覚を概して持っている。講座やグループプロジェクトを創る一人として、責任感を持っているとも言える。

自分（たち）で創る大学には、まだ続きがある。シューレ大学は学生が運営する大学でもあることだ。シューレ大学の運営は、月に二回開かれる「運営会議」で検討され、方向付けられている。運営会議の前身にあたるシューレ大学設立前の準備委員会では、学びたい若者やスタッフが集まり、場所や学費、活動の仕組みを一から考え出し創っていった。現在でも、新しいスタッフの採用、移転の際の建物の改築の設計案、講座の新設や行事の運営など、シューレ大学の活動の多くを話し合いのもとで決めている。

日本の大学は、公的資金によって厚く支えられている。国公立の大学はもちろん、私立の大学には多額の私学助成金が支出され、学費もアメリカなどに比べると低く抑えられている。しかし、シューレ大学は文部科学省認可の大学ではないので、私学助成金はなく、主として学生からの学費によって支えられている。また、ここの学生たちは活動を立案し進めていくので、グループプロジェクトの活動を行うのに予算を立て、やりたいことに対して予算が足りない場合は助成金の公募を調べ応募し、自分たちでプレゼンテーションして助成金を得たり、企業を訪問し物品を寄付してもらったりすることもある。

大学には普通、大きな図書館や体育館などのスポーツ施設、合宿所など様々な設備があるだろう。シューレ大学には基本的にそのような立派な施設はない分、たくさんの工夫をしている。図書館は小さいライブラリーがあるが、資料を集めるには十分ではない。そこで、大学に無い本を探すときは地域の図書館を活用したり、インターネットで新刊や古本で購入したり、「青空文庫」といった著作権の切れた著作を無料で入手したりしている。

大学がある建物は、二〇〇七年から新宿区の出張所だった所を借りている。出張所時代に残された巨大な書類金庫があるが、厚い壁を防音壁の代わりにし、音楽練習室として利用している。また窓が無いこともあり、時として写真の暗室としても利用されることもある。体育館や講堂に替わるものとしては、一番大きなホールとその活用で代えている。演劇で使う自分たちで作った平台と箱馬を使い、ステージや客席を組んで映画館や劇場として使用する。そこで映画祭を開いたり、演劇の公演を行ったりしている。

シューレ大学には履修登録も就職登録なるものもない。したがって、コースワークとしてこなすべき課題や用意された道筋があるわけではない。ここでは、自分がどのように生きたいのかをそれぞれが考え、それをどのように実現できるのかを試行錯誤していく。登録した日から就活が始まるのではなく、「知る・表現する」ことを始めた時から、自分の生き方を創る作業が始まっているのだ。

コミュニケーションを大切にする場

多様な学生

シューレ大学には様々な学生がいる。一八歳以上で「知る・表現する」気持ちを持っている人は全員、入学資格がある。シューレ大学の在学年齢は一八歳から三〇代半ばまで、幅広い。出身地も北海道から九州まで各地から来ており、約半数の学生はシューレ大学に通うためアパート暮らしをしている。先述の通り、小学校一年生で学校に行かなくなった人もあれば、大学院生が入学してくることもある。各地のフリースクールの出身者もいれば、フリースクールに所属せず、ホームエデュケーション（家庭をベースにして学び育つ方法）で育ってきた人もいる。ひきこもりを経験して参加する人もいるし、不登校もひきこもりも経験せず高校や大学を卒業してやってくる人もいる。

丁寧なコミュニケーション

シューレ大学の学生はよく話し合うことが基本にある。講座やプロジェクト、運営会議だけでなく、日常からお互いの話を丁寧に聞き、理解し合おうとする空気がある。普段から自分たちが話したいことを三時間かけてじっくり話す「大学放談」が定期的に行われているが、それに限らず、大学のラウンジや喫茶店などに誘いあい、話しに行ったりしている。自分と相手を大事にすることが、お互いの話をできるだけ丁寧に話したり聞いたりすることにつながっているようだ。大学の活動や個人で困ったことや大切な話があれば、そこに関わっている人や、つながりあう人で集まって話をするということが自然に行われている。

恵まれている応援団

シューレ大学の「知る、表現する」にあたっては、学生とスタッフだけで進めているわけではない。とても力強い応援団が存在している。

まず大きな存在なのが、約五〇人のアドバイザーである。評論家の芹沢俊介さん、思想家の最首悟さん、映画監督の原一男さん、人権を守る活動をされている辛淑玉《シンスゴ》さん、ルポライターの鎌田慧さん、劇作家の平田オリザさん、社会学者の上野千鶴子さん、マルチメディアプロデューサーの羽仁未央さんなど、第一線で活躍されている方々が、定期的に講座やワークショップを開いていただいたり、必要に応じてアドバイスをいただきながら、学生はそれぞれの探求を進めることができる。

さらに、ほかにも様々な形で支えられている。演劇に関しては在京の劇団から多くの主宰者や役者の方に連続ワークショップを開いていただいたり、個々の演劇づくりの助言、公演後のトークセッションに出ていただいたりしている。ソーラーカー制作では、バイクのデザイナーや、大企業でソーラーカーを開発していたエンジニアなど、専門家からの貴重なアドバイスもたくさんいただいた。

専門的な知見に基づいたアドバイスが必要な時、多くのすばらしい応援団の方々がシューレ大学につながり、支えてくださっている。

海外との盛んな交流

シューレ大学がこれまでに訪問したり、されたりしてきた人々は、二〇か国以上に及ぶ（表）。特にフリースクールや不登校について、海外へ渡り、現場の実践を取材する活動に取り組んできたことや、ＩＤＥＣ（International Democratic Education Conference ＝世界フリースクール大会）などに参加し、知り合い、交流が始まったところが多い。ロシアのモスクワ国際フィルムスクールのように何年にもわたって交流が続き、共同で演劇を公演したり、映画を作ったりするようになったところもある。

また韓国のソウルにある、オルタナティブな場として活動する「ハジャセンター（ソウル市立青少年職業体験センター）」には、シューレ大学から短期留学に行ったり、台湾の台北にあったオルタナティブスクールの「オートノマススクール」からは、短期留学生を受け入れた。ドイツやアメリカからも学生のインターンや、染色家や写真家の客員研修員の受け入れもしてきた。

そのようなつながりのなかに、韓国のオルタナティブスクール全国ネットワーク代表で、代案教育運動の中心として関わってこられた金敬玉《キムキョンオク》さんや、イスラエルのフリースクール設立やIDECの中心となって活動されてきたデモクラティック教育研究所代表のヤコブ・ヘクトさんなどの存在もいる。彼らは長年にわたりシューレ大学の活動に関心を持ってくれ、毎年のように交流を続けている人々だ。

海外の人たちとの交流から、シューレ大学の学生が得ているものは大きい。異なった社会や文化、価値観の出合いから、視野の広がりが生まれる。また、私たちがいる日本社会では、時として何の資格にもならない大学と理解されがたいところもあるが、海外の人には自然と理解され共感されることの意

交流してきた国	
アジア	韓国、中国、台湾、モルディブ、バングラディッシュ、インド、フィリピン、タイ、イスラエル
ヨーロッパ	ロシア、デンマーク、ノルウェー、イギリス、ドイツ、ラトビア、フランス
オセアニア	ニュージーランド、オーストラリア
南北アメリカ	カナダ、アメリカ、ブラジル、ペルー、ジャマイカ

味は少なくない。また、交互に理解し深め合うなかで、自分たちの行っている活動を見つめ、どのような意味があることなのかを考え、さらに新たな発見につながっていくことも珍しくはない。

シューレ大学で「知る・表現する」ということ

「知る・表現する」ことを自分のスタイルで存分に試行錯誤できる場にする、それが一九九九年にシューレ大学が始まる時に話し合った方針だ。

当時から、シューレ大学と同じような場はほかには無く、参考になるような場は見当たらないように感じられた。それだけでなく、それぞれの学生が自分がなにをやっていきたいのかが分かりにくい状況もあった。自分はなにに関心があるのかまだわからない、どのように進んでいいのかわからない。そのため、ともかく手探りの毎日だった。しかし、手ごたえを持って進んでいきたい気持ちや、何かを得ていきたい気持ちは持っていた。

そこで、確信は無くとも関心を引かれることがあるならば、それを手がかりに、ともかく体当たりで触れてみる動きが始まった。

まず動き出したのが映画のプロジェクトだ。映画が創られて大きく成長した二〇世紀から、一〇一人の映画監督を選び、一〇一本の映画を鑑賞し考える企画を一年かけて行なった。「視覚」「聴覚」「戦争」「風俗・ファッション」「子ども・若者」の五つの軸で、毎回二〇本の映画を見て意見交換を行った。さらに各回ごとに特別企画を組み、講演やシンポジウム、活弁士による無声映画上映などを開催した。この経験から映画に対する関心が強まり、映画を作りたいという学生が出てきたことをきっかけに、映画・映像を作るプロジェクトへと発展していった。

関心があることに導かれ正面から取り組むと、様々な発見が生まれ、新たなエネルギーが生まれてくる。関心があることを実現するために突き進んでいくと、やがて自分はなにに惹かれるのか、どのように人と関係を持っていきたいのかなど、様々なことが浮かび上がってくる。

活動を進めるなかで、「知る・表現する」とは何かを考えた時、私たちは、自分とは何者なのかを問うことにつながるのではないか、と意識していくようになった。

シューレ大学の学生は一八歳以上ということもあって、自分がどのように生きていくのかに切実で、関心を持たざるを得ない状況にある。しかし、知る・表現することと探求することについて、自分とは何者かを問うていくこととして考えるだけでは、物足りなさも生まれる。私たちは、どのように生きていけるのか、どのような生き方があるのかという切実な思いである。この問いの答えを探すには、「自分はどのように生きていきたいのか」と感じられていないと、単に社会がよしとする方向に自分を当てはめ、流されてしまいかねない。

シューレ大学で最も参加者が多い講座に「生き方創造コース」がある。この講座が始まったのは、生きるための方向性を考えようとする学生たちの関心があったからである。自分はお金や時間をどのように使いながら生きたいのか、どのように働いていきたいのか、どのように人との関係を築いていきたいのかなど、自分の価値観をつくることに参加者が各々に取り組む。「生き方創造コース」が始まった頃から、さらに、自分の生き方を自らの手で創る、という意識が高まっていった。

そのような営みの一方で、興味関心をひろげて具体的に仕事へつなげ、金銭を得る活動も少しずつ積み重ねてきた。ビジュアルデザイン、冊子のレイアウト・編集、ホームページ制作、映像制作などのパイロットプロジェクトなどがそれにあたる。納得のいく生き方を自分で探し、創っていくことに具体的に取り組んでいるのだ。

本書のタイトルにもなっている「閉塞感のある社会で生きたいように生きる」は、以前、シューレ大学の公開イベントのタイトルとして考えられたものだ。これらのタイトルに込められている意味のひとつに、「自分であること」の難しさがある。シューレ大学の学生に限らず、現在の社会で生き難さを抱えている若者は少なくない。

この生き難さには「自分であることの困難」がある。生きてきたなかで、いつの間にか経験や感覚が抑え込まれ、自分であることを奪われ、それが無意識のうちに深く自らのなかに存在しているように思われる。だからこそ自分とは何者かを知り、生き方を創る土台として、シューレ大学の活動を通し、自分であることを取り戻す必要がある。

自分であるということを取り戻すことは、世界を自分に取り戻すことであり、それはつまり、どのように他者や社会とつながっていくのかを見出していくことでもある。

消費主義が加速し、経済や文化のグローバリゼーションが皮膚の下まで押し寄せてきている状況のなか、万事につけ様々な水準でプライバタイゼーションが止めようも無く進んでいるかのように見える。若者の生き難さの根はここにあるといってもよい。

あらゆる関係が解体され、人間がひとつの分子、ひとつの原子までに個別になっていく時、習慣による縛りがなくなる一方で、自分であることが困難になり、抑圧感は別な形で立ち現れてきている。自分であることが感じられない怖さがそこにはある。

シューレ大学で学生たちが様々な人との関係を構築し直し、自分であることを他者とのつながりを持ちながら取り戻していくことは、伝統的な規範を守ることで正当性が担保される従来の関係に戻るのではなく、新たな自我の持ち方、他者や社会との関係の持ち方を築いていく試みであるように思う。

次の章からは、大学で実際に考え研究してきた学生の経験をもとに、自らが自分とは何か、シューレ大学とは何かを考え、どう生きたいと考えているのかを綴っている。彼らの変化を通して、生き難さからどのように「生きる」ことを獲得すればよいのか、そのヒントを得てもらえばありがたい。

シューレ大学の風景

第2章

「私からはじまる」って どういうこと?

松川明日美

シューレ大学がどんな場所か、一言で表現するのはむずかしい。学生一人ひとりの考え方も様々だし、自分次第でとらえ方が変わる。しかし最大の特徴は「自分から始まる」ことを大切にしていることである。そのため、この本を書くにあたっても「自分」を抜きにしては始まらない。

この大学に入学した当初、私はいろんな不安を抱えていた。その不安は入ってからもしばらく続いていたけれど、過ごしていくうちに少しずつ変化が訪れた。私が大学に抱いていた不安は、実は自分が持っていた苦しさとつながっていたのだ。

この章では、私が入学した当初に抱えていた不安について、何に気づきどう変わったかを中心に、書き綴った。それをとおして現在の大学の様子や特徴を知っていただければと思う。

入学した当初の不安を理解してもらうために、始めに私の入学する前の経過と、入学するに至った経緯について少し触れておきたい。

強がっていた自分

私は小学校五年生で不登校になった。きっかけは、先に弟が不登校をしたことだ。しばらく母親が落ち着いていなかったが、徐々に弟の行かないことを理解してきた頃、私も自然と学校に行きたくないと思い、そのことを伝えてからだ。その時すでに、親がシューレ大学の母体である東京シューレというフリースクールを調べて知っていた。当時、不登校は良くないことだと言われていたなかで、東京シューレは「不登校は悪いことじゃない」とか「不登校をしてもいろんな人生がつくれる」と私に希望を持たせてくれた場所である。しかしその時、私は東北地方に住んでいたので、東京シューレに通うことはなかった。

一四歳の時、私はニュージーランドに留学をして、不登校の子どもたちと共同生活をしながら現地の学校に通っていた。そこでは一緒に共同生活をすることで人が身近にいて、あたたかい雰囲気を感じていた。しかし一方で、スポーツやスピーチに慣れるためのプログラムなどに半ば出るしかない雰囲気があり、イヤイヤ参加していた経験があった。プログラムに参加しないとスタッフから「そのままだといつまでたっても変わらないぞ」と言われ、違和感を持つと同時に、自分は逃げている存在ではないかと不安にさせられた。自分の意志を育てることとは逆に、性格や生活の改善を強いられる厳しさをここで味わった。どちらかといえば根性で過ごした一年間だった。

私は、スタッフがよかれと思って言ってくる言葉に対して、背後にある指導しようとする意図を感じていた。そこに、自分は動かされまいとして、反抗する態度が出てきてしまっていた。どこか自分の性格が決まったものに印象付けられることが、私にとって腹立たしい気持ちとして残った。

帰国後は、厳しさから逃れられた解放感でいっぱいになったけれど、しばらく留学先のスタッフに言われたことが頭から離れず、葛藤していたように思う。

その後も中学校には通わず、私は知り合いの美容室でお手伝いをしながら美容師を目指すようになる。一度は美容学校を受験したが、高卒の人が多くいる学校で私は中卒ということもあり、受験は失敗した。私は進路にあせっていたので、そうガッカリもしていられないまま、定時制高校で高校卒業の資格を取ろうと上京することに決め、中学を卒業してから上京した。

昼間はアルバイトをして夜は定時制高校に通う生活は刺激的だった。留学の頃と比較しても人と楽しくやれていた。体型の維持とか、ファッションの共有とか、恋愛の話題にもそれなりにほかの人と合わせたりして、普通にできるじゃないかと思っていた。しかし二年もすると自分の本当の気持ちを出せない、みんな恋愛しか楽しみがないと思い、人付き合いが面倒くさくなり、話が合わなくなった。それを私はみんながつまらないからだと周りのせいにし、他人を責めたい気持ちになった。そこから人間関係がギクシャクし始め、人と距離を置くことが増えていった。

結局「こんなところで自分の道を見出せる気がしない」と先生に言い捨てて、私は高校を中退した。しかし中退しても自分の道を見出せるはずもなく、強がってばかりもいられなくなった。不登校したことで、今までの自分は逃げているのではないかという思いと今の状況を関連づけて、自分を責めたりすることも増えていった。留学先や学校に反抗心を抱いていた分、結果を出せていない自分は、さらにまわりから自分に問題があるかのように責められているような気になっていた。

そのとき心配した母が、以前から東京シューレに大学部門があるということを知っていて、教えてくれた。私は気分転換も兼ねるつもりで体験入学に参加した。

シューレ大学には居心地の良さ、そして人をその場の印象だけで判断しない気遣いのようなものを感じた。しかし私は、希望を感じきれなかった。何か違う感覚があったのだ。私には自分のやりたいことを人と共にやる意味がわからなかったのである。それまでやりたいことがあっても、人間関係が駄目になると諦めてしまうような経験ばかりしてきたからだと思う。そのような状態で人と共に何かやることは、ただ人に流されるまま傷つくことなのではないか。きっとシューレ大学でもいつもどおりに人と仲良しになって、いつもどおりに器用にやって、いつもどおりに人と近づいたり離れたりして、いつもどおりの順序で孤独になるのだろうと予想した。

自分のことでいっぱいいっぱいになっていた私の耳には、どの講座の内容も説明も頭に入りづらかった。さらにこの大学のベースにある「不登校」という言葉は、大学内で多く聞かれる言葉だったが、「不登校」を聞くたびに入学への意欲が失われた。何より、もう不登校はいい、考えたくない気持ちがあったのだ。そんなことより他人にどう思われるか気にする自分をどうにかしないと、どうせどこに居ても辛いだけだろうと考えた私は、入学することをやめた。

その後の三年間は、アルバイトや派遣社員として、飲食店、オフィスワーク、倉庫整理、警備員などをしながら食いつないだ。その間もなかなか自分と向き合えず投げやりだった私は、その場限りの浅い人間関係をこなし、自分にとっていやな状態になるとその場を去る、ということを繰り返した。自分の好きなことや将来の夢、自分にあった場所があるのではないかと期待して生きてきたけど、その期待は見事に裏切られた感覚だった。そこで考えたことは、実はあてにしていたものは自分で作るしかないのではないかということだ。でも私はその作り方を知らない。自分が駄目な気がしていた。私は相変わらず人生に挫折していた。

不安に向き合って変化する

その後、派遣先からリストラされたことを転機に、もう何かに期待するのは終わりにしたい、自分で考えたり決めたりして生きていきたいと思うようになった。それと同時に今度こそ自分で世の中や価値観を学び知っていきたい、という探究心が出てきて、再度シューレ大学へ足を運んだ。しかし三年前に体験入学した時と変わらない不安や疑いが残っていた私は、大学に入学してもしばらく葛藤が続き、簡単に解放されるものではなかった。

けれど、毎日を少しずつ過ごすうちに、徐々に私にも変化が訪れるようになった。ここからは、私が入学してからも抱えていた不安や葛藤がどんなものか、そしてそれが変化する過程を紹介してみたいと思う。

・集団への疑い――自分への信頼感のなさに気づく

私は人と一緒になって何かを作り出すことで、一体感を得たい気持ちがあった。その反面で「みんな一緒」になったらいやだなという気持ちもあった。みんな一緒に動くことは、私が他の人の考えに違和感を持っても説得やコントロールをされ、結局、まわりに従うことになるのではないか。そして自分が最後には置き去りになってしまうのではないかという不安だ。自分が属していた学校や留学先での経験でも、全体が個人の考えを抑えつけたり、個人が全体の考えを抑えつけたりすることに対してモヤモヤを感じていて、押さえ込まれまいと、いつも危機感を持っていた。

でも、そういう危機的な状況に遭遇したとき、自分がどうあればいいのか分からなかった。それも影響して、入学当初は周囲に対して非常にナーバスだった。人それぞれなんだから「みんな一緒」にしないで、自分で考えたり決めたりしたいのだから邪魔しないで、と一見強がってみせながらもビクビクしていた。

私は大学で「学歴社会・不登校」という講座に出ているが、そこでは、みんな社会に対して似たような憤りを感じていて、最初は示す反応が同じに見えた。みんな、自分の考えがなくなっているのではないか、と疑いの目を持っていた。私は疑問や質問を投げかけ、ここはどんな発言をしても押さえ込まれたりしないか試したように思う。

ところが質問をして話を重ねていくと、私という人間がどのように生きてきて、どうやってその疑問を持つに至ったのかと問われることが多くあった。自分の質問に十分に答えてもらえていないと不満を持つこともあったが、自分がどうやってその疑問を持つに至ったのか一から整理し、そのうえで質問をし直していくうちに、スッキリすることが増えていった。そうしていくうちに、はじめに持っていた同じ反応という違和感は、みんなお互いの意見の背景を共有しているから、似たような意見を持っているのだということを知った。何より、うんざりしていた「不登校」という言葉を再び考えはじめるきっかけになったことは大きかった。私の中で蓋をしようとしていた不登校のことを、蓋をしなくて済むように、とらえ方を変えていくことで今の生きづらさも変わっていくように思った。

はじめの頃に持っていた集団への疑いは、人に対する不安であり、自分に対する信頼感の無さでもあったことに気づいた。私は周囲や自分自身に安心したかった。安心できる場所であるには、そこが安心できる雰囲気であることと、自分から安心を獲得しようとすることと、安心できる場所を協力して作っていこうとする環境が必要だった。当時の私は、そこにある場所が最初から完璧な姿で成り立っていて、自分はただ入っていくだけで安心感を得られることを、少なからず期待していたように思う。講座の中で話し合いや自分の事情を整理し知ってもらうことを通じて、人それぞれだからこそ、話し合わないと違いを認められないままになってしまうことを知った。

・人間関係の不安——人と関われなかった自分に気づく

人間関係というのは、頼りすぎたり、頼られすぎたり、離れすぎたり、近付きすぎたりする。なんて面倒くさいことだろう。人と関わることへの不安を持っていた私は、もうコミュニケーションで傷つきたくない気持ちがあった。特に不安を感じ心配していたのは「苦手な人とどう付き合ってる？」や「恋愛ムードが高い？」といった何気ない話を振られたり、かげ口、飲み会、仲良しグループなどの関係だった。ことあるごとに憂鬱に感じることがたくさんあった。

この大学では、自分がどうしたいのか自分で決めることができることに驚く。飲み会に誘われる時も、私が行きたいかどうかが大切にされる。だから断っても付き合いが悪いと受け止められずに済む。また、人間関係の不自由に対して積極的に話をする人が多いことと、共有する言葉の細かさがある。相手に誤解がないように細かく伝える。そのことを面倒くさがらない関係がある。

私と同じような人間関係で悩んでいる人もいっぱいいて、そのまま人間関係を研究している人もいる。その私も今は「生き方創造コース」や「研究ゼミ」という講座で、人間関係について研究し始めた一人だ。

そこで「悩みをどうしたらいいか分からない私」から「どうしたらいいか分からない悩みを研究したい私」を宣言した途端、その自分の情報を他者に公開できるようになった。自分自身を「研究」の対象にしてしまうのだ。だから人間関係で陥りがちな関係や他者とどのように関係したいのかを模索することができる。悩みがどのように起こり繰り返されているのかを、複数の人と共有することで、簡単に人を責める必要がなくなっていく。今までは人間関係の悩みを身近な人に相談することはあったものの、自分で研究しようとまでは思わなかった。それぞれの人が「自分がどう思い、なにを考えて今に至るのか」を考えていけば「お前のせいだ」と水掛け論になりづらくなる。自分を知ることで伝えられる言葉が増え、問いが増えていくと、自分はどう在りたいのかを考えながら生きていくことが、少しずつできるようになってくる。

だから、今は以前と同じようにアルバイトをしていても、自分がどの位置にいるか分かるので、自分が悪いからだと簡単に自分を責めなくて済むようになった。まず自分を大切にしようと考えられるのだ。

自分について考えると、他者の気持ちが見えてくる。そして、他者の気持ちが分かると、今度は自分の言ったことや行動を考えるようになる。しかし、研究を進めていても明確な解決策は見つからないことが多い。現在は、そのように自分と他者の間でグルグル考えることが多い。

今までの人間関係を振り返る時、そのようにグルグルと迷うことを前提にして人と関わっていなかった自分に驚く。迷う過程を複数の人と共有することの楽しさがあることを知らなかったのだ。なぜ、どうして、どのようにと、どんどん問いが広がり続け、気がつくと当初抱えていた自分の悩みからたくさんの発見をしている。悩みから発見する、その回路を知ることでずいぶんと自分が肯定され、人との関係にも穏やかさが戻ってきている。

・自由な大学、という不安——お互いの気持ちを大切にする感覚を得る

入学した当初「相談して進めていいよ」「迷ってもいいよ」「人を頼ってもいいよ」「あなたが決めていいよ」「そのままでいいよ」と許される言葉の多さに戸惑った。言われることとすべてに私は「どこまでいいの?」という問いがセットになっていた。「いつか駄目って言うんじゃない？」という不安。「自由」が何なのか分からなくて、よく混乱状態に陥った。

大学ではただ黙々一人で何かに打ち込むことは少ない。例えば「研究ゼミ」や「生き方創造プロジェクト」で、一〇人以上でディスカッションしたり、小説や詩など表現を提出し反応し合う。「創作ディスカッション」では、そこで一緒に進めていく人たち、その場所のことをみんなで話し合ったりしている。

そこでは、やっていることが進まずにすっきりせず、八方塞がりのような状態になることがある。あまりの分からなさに大学で自由にやりたいようにやることを考えることが自分の縛りになる時があった。全然、自由に進められないのだ。

しかし大学が「自由な場所」と大風呂敷を広げていることはとても重要だった。そうやってきちっと広げてもらわないと考えなかったことがある。それは「自由ってなんだ？」ということだ。

入学する前の私にとって「自由」とは、一人でやりたいようにやる状態を指していた。一人で居ると他者の考えに縛られないから、自分が自由であるように感じていたのだ。しかし今は、他者と共にいても自分が探求したいことや表現したいことを見失わずにいられたら、より自分の精神や身体が自由になると感じている。最近は、他者と共にありながら自由な状態であるにはどうすればいいか、という方向で考えるようになった。自分が自由になることは自分だけに留まらず周囲へと伝わり、より自分のやりたいことをしやすくする環境が広がっていくからだ。

どうしたら自由なのか相変わらず分からないけれど、少しずつ分かってきたのは、そこにいる人が、今在るようにしか進んでいかないということ。その時々で、できる限りお互いの気持ちを話したり知ろうとするだけで、それぞれが安心し、探求や表現ができるのである。方法よりも先に気持ちを大切にして、状況に沿っていかないと進みにくいのである。だから最近は必要以上に他人を受容しようとしたり自分を責めなくても、自分と他人の違いを理解しようとし続けていくだけでいいのかもしれないと思うようになった。思うように進まないことはもどかしい時もあるが、その過程が楽しいと思う瞬間もある。あせらず丁寧にコツコツ進めれば進めるほど、たくさんの発見が生まれていく。

・学生が運営することへの戸惑い――居ることから「参加」が始まっている

シューレ大学は、学生もスタッフも、それぞれが対等に大学の運営に参加している。運営会議に参加し運営方針を考えたりすることだけが運営ではない。自分の出たい講座に参加してそこに居るだけでも「聞く参加」として大学を作っている一人となる。どのプロジェクトでも講座でもいやなことがあったら「じゃあどうするか考えよう」とか「どのようにイヤか」という質問が返ってくる。自分達でどう変えていけるか、そのつど考える。

大学では月に二回、二・三時間の運営会議が開かれる。新しく講座やプロジェクトを始めたい人は、ここで提案するし、大学の共有スペースをどう使っていくのか、日程の確認、各講座やプロジェクトの進行状態の報告、イベントなどの検討もする。運営会議への参加は自由で、どの講座に参加するかも自由に決められる。したくないことはしなくてもいい。でも変えていきたいことは、どのように変えられるのかみんなで共有し考えることが大事にされるのだ。

しかし学生が大学を運営することに、私はどうとらえていいのか分からず戸惑っていた。私がいた学校やアルバイト先では、運営のことはスタッフにお任せきりだ。私は学生で、受けたい授業に出る。別に運営したいとまでは思わない。

最初、いつもなら専任のスタッフが運営するのに、なんで自分がしないといけないのか、講座やプロジェクトをつくれないし立ち上げようとまでは思わないのに、なぜつくらなくてはいけないのかというもどかしさを感じていた。誰かやってよ！　と途中で面倒になって放棄したくなったりもした。

振り返ると、それまでは学校側がやりたいことを準備してくれていた反面、自分で考えることのできない不自由さがあった。はじめに学校があって、授業があって、学生が来て、授業を進める先生がいる。しかしシューレ大学は、まず学生が中心にいて「やりたい」と言ったことが授業になり、その時にスタッフが助けてくれる。それまでの進め方に慣れっ子になっていた私なので、講座の進め方や、作業の内容など、うまく進められずたくさん間違えることがある。でも何もないところから考えられる楽しさ、そしてなにより間違えてもいいということを知っていった。

・不満という不安――私と大学の関係性の表れに気づく

人と何かやる時に不満が付いてくる。でも不満をそのままぶつけて傷つけたくないし、傷つけられたくもないし、自分の意見が通らずに泣き寝入りするのもいや。そういう時、私はどうやり取りしたらいいのか不安があった。

入学してからの私は、先に書いた日々感じている戸惑いや不安が積み重なり、大学に対する不満へと変化し、どうしていいかわからない気持ちになっていった。

最初は、ディスカッションで不満をぶつけて後悔したり、言いたいことを引っ込めてムカムカしたりしていた。

不満を感じると、「そっちがなんとかしなさいよ」という気持ちになることがよく起きる。だから問題を投げつけても、実は不満は蓄積されたままであることも多い。不満を抱えているのは私なので「どのようにそれが不満なのか」を知らないと、何をどうしたいかも分からないまま、思考停止が起きる。

そういう時に行うのがテュートリアル（学生とスタッフが探求の進め方などを具体的に相談する時間）だ。テュートリアルでは、まず私が何によってどう感じているのか、どうやりづらいか、ということを丁寧に問いかけられ言葉にして整理する。そこで、私の考えは「私は不満をどうできるのか」「私は不満をどう考えられるのか」という方向に移行する。その繰り返しで見えてくるのは、不満は私と大学の関係性の表れで、私はその不満に蓋をしなくてよいということ。自分の不満と丁寧に向き合い言葉にしていくと不思議と大学が過ごしやすくすることにつながっていく。不満に対する姿勢やとらえ方に少しずつだが変化が出てきて、今は人が大勢集まるなかで不満を感じることは自然だと思えている。

長らく私は、誰かが自分の不満を解決してくれる訳ではない、と私はしばらくそのことを手放し、でもすっきりしないことに辛さを感じていた。今、自分の不満を自分で手に取り確認できることは、実は自分で自分を大事にすることなのだと感じている。

自分から始まるということ

これまで私のなかに様々な戸惑いや不安があった。でも日々過ごしていくうちに少しずつ解放されていったことを綴ってみた。終わりにシューレ大学の「自分からはじまる」というキーワードを、私はどのようにとらえていったのか紹介したい。なぜ自分から始まることが必要なのだろうか。

自分から始まるということは、誰かから「こうしなさい」と言われて始めるのとは違う。自分が提案者ではない場合も、参加したいスタイルを自分で決めてから始まる。

自分からしたいことを始めたり、スタイルを決めて参加したりすることは、少なからず責任が発生する。「責任」というと、たとえばアルバイトをしていれば店長などある特定の一人が責任を負うイメージがあるが、シューレ大学では始めたことを自分ひとりだけでやり遂げることは少なく、みんなで協力し合い進めることが多いので、結果を受けとめるのは一人ではない。お互いが自分がしたいことを明確にして意識的に取り組む。お互いがしたいことを明確にしてやっと、それぞれの取るべき責任を取れるし、それぞれの範囲で他者のしたいことに協力できる。

うまくいかないことがあると、「私は自分から始まっているのだろうか？」と不安になる。ただここに居るだけではないか。そもそも本当に自分の意志で入学したのかと、自分を疑う。自分から始まるなんて面倒なことは放棄して、もう手っ取り早く就職してしまおうかとも思う時もある。


振り返ると、私は藁《わら》をもつかむ気持ちでシューレ大学に入学した。いろんな手を使い過ごしてきたけれど、結局この社会でどう存在していったらいいか分からなくて、心のどこかで自分を無価値だと思っていた。私をしばる社会の価値観から自由になりたかった。私は私の価値を自分で決めたくて、自分は当然生きていていいのだとアッケラカンと言うために、この大学に入学して、この本を書いている。

気づくと私は、そんな過程を人に聞いてもらったり葛藤しているうちに、この大学の一部になっていた。あんなに誰かに頼ることをやめたいと願い入学したのに。私は大学に支えられ、同時に支えても居る。そんな私は、自分を見失ってはいないだろうか？　本当に自分から始まっているのだろうか？　私は常日頃から問うている。

今シューレ大学を辞めたら、私は自分の意思で始めにくくなってしまう。例えば何か大きな問題や事件が起きたとき、誰の責任かと問うことを想像するのだ。悪いのは誰だ、そいつだ、親だ、子どもだ、国だ、自分だ、人間だ。そうだ、もともと人間は悪い奴らなのだ。私は、こうして思考が行き詰ってしまうのだ。自分の意志で始めたら、結果や責任が私にどっと覆いかぶさってくるようで、自分から始めることからなるべく遠くへ逃げたくなる。自分は何も知りません、関係ありません、といろんなことに無関心でいたくなる。そうして私は生きている感覚を自分から手放して、その方が楽だ、その方が自由だと思うのである。

その時私は思うのだ。その問題に関っているそれぞれの人が自分の心に問うことを許され、少しでも自分の内面の声を聞くことに集中したらどうなのだろうと。物事が進むスピードは、とても遅くなってしまうだろうけれど、他人も自分もなるべく大切に進む一歩の幅は、大きく深くなるのではないだろうか。

自分の意思から始めることなく、いったい誰のことを支えられるのだろうか。お互いの意思を明確にせず、いったいどのように自分の責任が取れるのか。自分から始まらないとき、誰もかれも自分の責任の所在が分からなくて、その結果を無意識に人に擦り付けることになる。それがいやだから、私はいま自分から始めたいと思ったのだ。

シューレ大学は、私が自分でやりたいと言ったことを、途中で不安になってもその一つひとつに悩み考えることを認めてくれる。どのように絡まっているか私に考えさせてくれて、私が自分を見失ったら取り戻すのを待ってくれる。私が悩んでいる時「そんなツマラナイことで……」と絶対に言わない。何もしたいことが見当たらない時でも、それを探す選択をしたら、もう立派に自分から始まっていることになっている。自分を見失っても「自分を見失っているのです」と自分から助けを乞えば、やはりそこから何かが始まっていく。

「あなたはどうなのですか」、シューレ大学は、いつでもそうやって私に問いかけて自分から始めたり判断することを止めさせはしない。私は他人が居るから自分を見失うと思っていたが、もしかすると他人がいるから自分を見失わないでいられるのかもしれない、それを信じる過程を今学んでいるのだ、と思う。

ということで、大学に入学すると、結果的にどの時点でも自分から始まってしまう。だから私がこの大学に興味がある人にお勧めするのは「いま自分から始めたいですか？」とあなたが自分自身に確認することである。「なにか自分から始めたい。間違ってもいいから始めたい」そう思う気持ちがあるのなら、たとえやりたいことがなくても入学するのがいいと、私はあなたに言うことができる。

シューレ大学の風景

私から始まるということ——シューレ大学にいる人々

シューレ大学を描くことはシューレ大学の建物を描写することではない。シューレ大学を作りあっているのは人であるから、そこにいる人々を書くことは欠かせない。

この本を書くにあたって、はじめに私たちが考えたことは、どのような人がいて、どのようなことをしているのかを描いていくことだった。しかし、この章をどのように書ていこうかと本の制作委員会で検討していくなかで、シューレ大学の人々を描くことよりも、シューレ大学の人が大切にしている「私から始まる」をテーマに書くことに変化していった。シューレ大学の人を描くには、ここにいる人々がどのように「私から始まる」ことに取り組んでいるのかを中心に書くほうが、この本の全体像がわかりやすくなると考えたのだ。

それでは、「私から始まる」ことを大切にしようとしているシューレ大学の学生はどのような人々なのか。

シューレ大学の入学資格は一八歳以上、そして知る・表現するということを自分のスタイルで探求しようと希望する人たちで、学歴、性別・セクシャリティ、国籍などによる制約はない。東京シューレの一部門なので、東京シューレのフリースクール部門の出身者が多いと想像する人もいるが、フリースクール部門、ホームシューレ部門の出身者を合わせても三分の一より少ない。東京シューレ以外の日本各地のフリースクール出身者もいる。

シューレ大学は、フリースクールや不登校についての研究が盛んで、その理由には不登校やひきこもりを経験した人が多いことが理由としてあるが、しかしほかにも高校や大学を出た人もいる。なかには職場でバーンアウトを経験してきた人もいる。

シューレ大学の学生は、知る・表現することを欲求している人たちなのはもちろんだが、自分はどうしたいのか、人とどのように関係を持っていきたいのか、この先どう生きていきたいのか・生きていけるのかを知りたい、掴みたいと欲求している人たちでもある。知る・表現するということを通して、そんなことを手に入れんとしている人たちとも言える。

そんなシューレ大学の学生たちが、普段どのように過ごしているのかを一言で言うならば、それぞれにあった形で過ごしている、とでも言おうか。しかしこれではあまりに不親切に過ぎるので、もう少し具体的に書いてみたい。

シューレ大学の活動時間は、基本的に月曜日から金曜日までの午前十時から午後七時までだ。その間に、二〇から三〇ほどの講座やプロジェクト活動などの時間があり、めいめいが自分の参加する講座などにあわせてやってくる。講座以外には、ライブラリーやパソコンコーナーで講座で発表するための準備をしたり、音楽室でキーボードやギターを弾いたり、あるいはラウンジでおしゃべりをしていたりなど様々だ。たまにアルバイト帰りで疲れて仮眠をとっている学生も見かけることもある。また、アパート暮らしの学生が多いことから、有志が持ち回りで料理当番になり、安くて栄養のバランスが取れた夕食を食べられる機会もある。

シューレ大学にいる学生たちは特殊な人間ではないが、いうならばそのあり方に特徴はあるように思う。それは、「自分の気持ちを自分で知ろう、その気持ちを大切にしよう。つながってくれいている人の気持ちを大切にしたい」という空気が濃密であることだ。格好悪いところを見せたくないと思うことはあるが、安心して自分の気持ちを話すことや、時に泣いたり、笑ったり、日々変化する自分の内面を話しやすかったりする関係があるのは、そんなところから来ているのだと思う。

シューレ大学の人には、「簡単ではないけれど自分であろう、自分であることで自分や他者を大切にできるようにしていこう」ということに意識的で、努力をしている人が多いのが特徴だ。

（朝倉景樹）

第3章

私からはじまる研究

平井 渚

「自分研究」とは

この章ではシューレ大学における、自分から始まる研究について紹介していきたい。ひとことで「研究」といっても本当に様々なものがあり、その内容も研究する学生も十人十色である。しかしどの研究においても学生が「自分の知りたいことを知りたいように知る」ことが大前提に存在している。そんな研究から、近年盛り上がりを見せている「自分研究」について取りあげたいと思う。

最初に「自分研究」とはいったいどういったもかを紹介すると、学生が生きていくなかで抱えている問題、葛藤や関心事などについて、軸を自分に置いて探求していくものである。自分とは何者なのかを知り、日々どう暮らし、どうすれば生きたいように生きていけるのか、またそれに近づいていけるのかといったことを模索していく。

例えば、今までの自分研究からは、不登校後の家族との関係を考えたものや集団への恐怖心がある自分について、孤独感や否定感が大きくなっていった過程、さらには当事者としての意識をテーマにしたり、アイデンティティについて考えたりなど、人それぞれに抱えている引っかかりや問題意識がテーマとして扱われてきた。これらは研究例のほんの一端にしか過ぎず、全てを網羅的に紹介することは残念ながらとてもできない。

そこで昨年度私が行った研究を例に、実際シューレ大学でどのように「自分研究」が行われているのかの流れを、具体的に追っていきたいと思う。内容は私がシューレ大学に入学して起きた様々な変化について、大学に入る以前から抱えていた〈摂食障害〉を軸に考察したものである。

私は、何故〈食〉にこだわりを持つに至ったのか、そしていかにして長年苦しんでいたその問題から解放されていったのか。そこにはロボットのようであった自己が人間らしく生きていくように変化した要因があった。

「自分研究」へと向かう動機

始めに、私のシューレ大学に入る前の状況、入学し自ら自分研究をするに至った経緯を述べていきたいと思う。

私はシューレ大学へ在籍する以前、とにかく生き難く苦しい状態が続いていた。日々生活するのが辛く、夜になるとまた次の日が訪れるのがいやで仕方がなかった。それには当時置かれていた環境や状況への憤りが大きく影響していたのだが、なかでも〈食の問題〉を基点にした幾多のしがらみは、生活における困難や苦渋の象徴であった。〈摂食障害〉といっても、私の場合はある程度の波こそありはしたが、基本的には拒食傾向が強く、一時は生命維持すら危うい状態に陥っていた。そうした健常とは程遠い状態が日常をより大変にしていたが、それ以上に当時の私は〈食〉への強いこだわりから派生した強迫観念と行動に、憔悴し切っていた。

拒食の時期が長く続き、強迫観念や強すぎる自己規制に追われる日々に消耗した私は、いよいよ〈摂食障害〉と、ひいては自分の人生と向き合う必要があると思い知らされる。現にそれまでは葛藤や疑問が浮かんでも、あえて意識することはなく、どこか自己とは切り離し他人事のようにして生きてきた私だったが、自分自身のことを真正面から向き合い考えるきっかけとなったのは、〈摂食障害〉を巡る一連の経験をしたからにほかならない。

なんとか解放される手立てはないものかと、ひたすら考えに考えた。だがいくら自分の身に起きている生き難さや憂いを一人で考えていても、一向に楽になる気配などなかった。思いは堂々巡りで進展しないばかりかより辛くなり、やがて考えること自体が苦行のようになっていった。それでも一日でも一秒でも早く楽になりたい気持と焦りから、思考を休めることができなかった。

楽になりたいから考える→考えても打開策など見つからず辛くなる→でも考えずにはいられないから考える→辛くなる、この繰り返しにひたすら悶々と過ごしていた時、自ら家以外で居られる場所を探し、シューレ大学に出合ったのである。

入学して間もなく、講座で学生が自身の様々な問題意識や引っ掛かりについて発表しているのを聞くようになる。それが私のシューレ大学での「自分研究」との出合いだった。発表者が自分の抱えている葛藤や思い、核心的でとても繊細な部分を題材として取りあげ、ほかの学生やスタッフがいる前で赤裸々に語っていた。その光景に私は衝撃と共に強い刺激を受けたのを今でも鮮明に覚えている。摂食障害について家族やかかりつけの担当医以外は、誰にも打ち明けることができなかった当時の私には、なぜあのように複数人の前で自分の内面をさらけ出せるのか、理解しがたくもあった。

しかしある程度の月日が経ち、多くの自分研究に触れていくと、並行して大学での生活や人間関係に慣れて安心感が芽生えていき、「私も研究がしたい」という衝動が湧き出てきた。その思いには、考えては苦しくなるが、それでも考えることを止められない、八方塞りな状況をどうにか打破したい、それには一人では限界があると骨の髄まで思い知ったことが大きな原動力となっていた。「研究」という形で探ることは、ひょっとしたら一人では辿り着けないところまで行けるかもしれない。長年縛られてきた価値観やその苦しみを解体できるかもしれないと、私の本能が感じ取ったのだろう。そして大学に入り一年近くが経過した頃、私は「自分研究」を始めるに至ったのである。

知るは変わる

さて、ではそうした「自分研究」にいったい何を求めているのか、何を期待して日々研究を続けているのかを考えてみようと思う。

まずひとつは、苦しさやしがらみからの解放であろう。「楽になりたい」「日々生きやすくしたい」という思いは、私を含めシューレ大学で研究をしている多くの学生が抱いている希望と言える。その願いの強力さと私個人の極端な性格から、思わず「現状打破!!」などと言いたくなるのだが、実際にはそこまで激しくなくてもいい。

確かに、苦しさからの解放は期待として大きいが、決してそれだけではない。例えば、研究を通して自分のことを知ることで、状態や抱えている苦しさの正体を発見することがある。何かが引っ掛かってはいるけれど、いまいちぼやけてハッキリしないといった部分にピントを合わせ、自分のいる位置を再確認できるのだ。

研究とはいえども、中身は常日頃から考えていることを題材にするケースが多く、私の〈食の問題〉においても、四六時中脳内に居座り、普段から考えていることを「研究」として進めることで、より深まったり道が広がっていったりしている。

シューレ大学ではよく「知るは変わる」という言葉を使う。これは知識や表現、人など、新たな出会いのなかで様々なことを知り、発見し、それによって変わっていくといった、この大学の探求そのものを表しているのだが、研究においてもこの言葉が示すところは大きい。それは自分や社会、そこに生きる他者を研究を通じ理解していくことで、自身に何かしらの変化が起こり得るという意味であり、真に研究に求めるものはそういった部分なのではないかと私は思っている。

具体的な進め方

ここからは実際どのように「自分研究」が行われているのかを紹介していきたい。研究テーマはどうするのか、研究といってもよもやフラスコを使うわけでもなく、いったいどのように掘り進めているのかなどだ。以下に挙げていくのは、その際に特に重要となってくる事柄である。

・自分にとって切実なことと、生き難さを切り開くこと

なんといっても、まずは自分が何を研究したいのかを明確化しないことには始まらない。おおむねその人の人生において、大きな存在感を放つもの、切実なものをテーマとして取り上げていく。

私の場合、〈摂食障害〉や〈食へのこだわり・やりがたさ〉は、それまでの人生観や価値観をひっくり返すほど強烈な問題で、鬼気迫るほど〈食の問題〉が切実だった。故に研究自体が、生き難さを切り開くことに、いやおうなしにつながっていた。

しかし、私は最初からすんなり〈食〉という題材を軸に研究をしようと考えていたわけではなかった。食については余りにも深刻で見つめることすら容易ではないため、大学で研究として扱うことに対し、恐怖にも近い感覚があったからだ。そもそもここでは、最も切実なものからやらねばならないわけではない。また一度決めたテーマは絶対にやり通さなければいけないものでもなく、試行錯誤のなかで、より惹かれるテーマが見つかったらいつからでも始められる。「今ならこのテーマについて研究していけそうだ」と感じる時期が来たら始めればいいのである。

シューレ大学における今までの研究を見てみると、苦しさや生き難さを出発点にするケースが比較的多いが、純粋に興味関心があるもの、自分の苦しさそのものではないが考えたい、整理したいといった「自分研究」ももちろん存在する。苦しさから始まる人が多いのは、ある種苦しさや生き難さが人にとって、その時点で一番切実な事が多いからではないのだろうか。

・議論する場――生き方創造コースと研究ゼミ

研究したいテーマが決まったなら、今度はどのように深めていくのかが重要だ。シューレ大学では「自分研究」のほとんどが「生き方創造コース」や「研究ゼミ」といった講座をとおして進められていく。私もまたこれら講座のなかで〈食〉をテーマに掘り下げていった。

講座の内容を簡潔に言うと、毎週希望した学生二、三人が研究を発表し、それに対して参加している人々と共にディスカッションしていく。なぜわざわざ講座で自分の研究を発表していく必要があるのかというと、自己の研究を発表、報告する機会があると、その講座の時間に向けて、自分の考えや思いをまとめることに意識が向かう。というのも、いくら私がやりたいと思った研究であっても、元来考えづらかったり、考えるのにものすごくパワーのいる事柄であったりするために、油断すると滞留してしまいがちだからである。考えづらいとはいえ、発表の日が決まり人前で報告するとなると、さすがに考えようとするのが人間である。それ故に定期的に発表する機会があることが、積極的に研究に意識を向かわせ、結果として研究が滞るのを防ぐ役目を果たしている。

だが研究に向いやすくすることが講座の真価ではない。それ以上に「自分研究」を進めていくうえで非常に重要な要素をいくつも含んでいる。

・過去から現在をつなげていく

研究をしていく際、特にそれが苦しさや困難さを伴ったものである場合、まず自分の過去の体験を振り返ることが多い。現在の苦しい状況がどこから来るのか、出所を突き止めたいのは至極自然であるが、その正体はそれまで歩んできた人生のなかに隠れている可能性が高い。つまりは過去に何かしら起因があると考えるのだ。

自分にとって整理や折り合いがつきづらいのはどこかを見つめ、その事柄が自分にとってどんな意味を持ち、影響を与えたのかを考察していく。当時は分からなかったり見えなかったことでも、改めて振り返ると新たな気づきや発見があったりする。それらを丁寧に拾うことで、地道ながらも着実に苦しさの発端や正体の輪郭をとらえていけるようになるのだ。そして由来や正体が分かり、初めてどう向き合っていけるのか考えられるのだ。

私の〈シューレ大学に入り起きた変化と食の関係〉の研究においても、過去を振り返るのはやはり重要な工程であった。幼くして不登校になったこと、それにより限られた人間関係、ひきこもり体験や世の中と切り離されていた感覚、外見へのコンプレックスから母との依存まで、なぜ食にこだわりを持たざるを得なかったのかを、過去の体験を振り返ることで導き出していったのだ。こうした作業は、現状を考えていくうえで確実に助けとなる。場合によっては疑問やしこりが解きほぐされるだけで動きやすくなることも少なくない。

私は昔からどこか過去と現在が切り離されていて、自分の人生にも関わらず、ところどころが途切れてポッカリと穴が開いている感覚があった。しかし自分の歩んできた道を確認すると、過去と現在はつながっているのだと改めて感じることができた。私にとって過去の考察は、切れ切れだった人生を地続きにしていく作業でもあった。

・研究もひとつのコミュニケーション

もしもこの「自分研究」を外で語る機会があり、最も大事なポイントをあげろと言われたならば、間違いなく私は「人と共に取り組んでいること」と述べるだろう。「生き方創造コース」や「研究ゼミ」では、自分の取り組んでいる研究の現状などをほかの学生やスタッフの前で発表する。私も今までに幾度となく発表してきたが、研究に対しての疑問や意見、感想も含め様々な反応が返ってきて、議論を通じての新たな発見や刺激をもらってきた。それらを踏まえて再び自分なりに考え、次の発表につなげていく。これを繰り返していくことで段々と核心に迫っていく。

そもそも「自分研究」と聞くと、一人で取り組むものといったイメージが先行しがちではなかろうか。何より私自身もシューレ大学と出合うまでは「自分のことは自分で考える」のが当然だと思っていた。深刻な悩みや苦しさであればあるほど、なおさら人に打ち明けるなどおこがましく恥ずべきことであり、同時に傷付くのではないかと恐怖心を強く持っていた。しかし自分で発表していくうちに、人と共に考えていく行為が、その怖さを補って余りあるほどの魅力があることを知っていったのである。

自分一人ではどんなに奇をてらって考えたとしても、ガチガチに凝り固まった価値観が存在し視野が狭まってしまう。だが、他者とやり取りをすることで、自分とは違う価値観や考えに触れ、結果自分では気付かない部分や、見えなかったものに視線を注げるようになる。他者の発表を聞く際も、その内容に共感を覚えることが多くなり、自分が発表する時に負けず劣らず刺激や発見がある。むしろ客観的にとらえられ、より自分を見つめるきっかけになったり、整理しやすくなったりする場合も珍しくない。また相手を知ることでその人を近く感じられ、それが発表をする際や普段の活動をしていく上での安心感をも生んでいくのである。

以上からも、私は研究もひとつのコミュニケーションだと思っている。発表するなかで今の自分が何を考え、何にやりがたさを抱えているのか、日々どういった思いで過ごしているのかをまわりの人々に知ってもらえる。悩みや問題を自分一人で抱え込まないで済み、他者に開いていけるのである。それは一人では背負いきれない荷物を互いに持ち合えるような感覚である。また、それらは講座だけではなく、日常の何気ない会話ややり取りなどで適っている部分も多い。いくら一人で考えていても、まったく先が見えてこない時には、気を許せる人と少し話すだけで、あれよあれよと紐解かれていってしまうことがよくある。

そして大きかったのは、私が投げ掛けたものや掲示した思いが、あらゆる場面においてしっかりと周りに受け止められていったことだった。それによって「これで大丈夫なのだ」と安心することができた。自分の〈状態〉が受け入れられ安心を得たと同時に、自信もなく「ダメだ」と卑下しがちな自分の〈研究〉に対する安心にもつながった。なによりも研究を続けていくための大きな活力となったのである。

・言語化と文字化、そして文章化

講座での発表や人との共有においては、聞いている人にいかにして自分の胸のうちを伝えられるかが肝心だ。そのとき、人にとって一番実行しやすい手段であるのが〈言語化〉ではないだろうか。言葉にすることで自己の内面に溜まっている思いを相手に伝えていく。これだけでも頭のなかだけで考えを巡らせるよりは何倍も整理されていく。そして、さらにものごとが考えやすくなり、人にも分かりやすく伝え得る方法として、私は〈文字化〉があると思っている。ゆえに「自分研究」を進めていく折にも〈文字に起こす〉ことが大きな意味を持つ。

私は普段、考えることを絶えず行なっている。しかし脳内でのみ完結するのはむずかしく、なかなか考えが進まないどころか、返って頭が混乱し思考停止に陥ってしまうこともよくある。だがそうした頭のなかの思いは、文字に起こすことで〈視覚化〉されていく。それにより自分自身がどのように考えを展開していたか、どの部分がより引っ掛かるのか、どういった方向に進みたいかなどが、ただ思考している時よりも数倍見えやすくなるのだ。

そして文字に記すのは、それ自体が記録を残しているようなものである。私にとって頭での考えは生ものに近く、例えどれほどの関心事だとしても、同じことをその時感じたままに留めておくのは不可能であり、時間の経過と共に忘却していってしまう。一方文字に残してあれば、その記録したものを紛失しない限り、半永久的にその時点での思いを留めておけるため、いつでも必要な時に引っぱり出してきて振り返ることができる。タイムラグを経て改めて考えることで気付くこともある。そういった点でも思いを「剥製化」しておけるのは何かと都合がいい。また人に伝える場面でもこちらの思いが紙などにまとまっていると、聞く側にとってもより迅速かつ誤解の少ない理解につながるのだ。

さらにもう一歩進むと、文字化の延長線上に〈文章化〉が出てくる。私は自分研究を進めるなかで、思いや考えを言葉や文字にしてまとめていく術を得ていくと、今度はそれを文章というひとつの形として記しておきたい欲求が自然と湧いてきた。それからは意識して文章を書いてきた。シューレ大学に入り起きた変化に始まり、「アイデンティティ」「年齢」「ファッション」をテーマにしたものまで、様々なことを文章にしてきた。そのなかで今、私は、文章を書くことにとても強い魅力を感じている。それは文章を書く際に、導入から終わりまで、ある程度流れを追って書こうと意識するため、ただ思いを箇条書きするよりもグッと事柄に対する理解を深め、整理していくことができるからである。

例えば今まさに私は、この本に載せる「シューレ大学での私から始まる研究」という文章を書くために、あらためて「自分研究」とはいかなるものなのかを整理し、とらえていく作業をしている。それにより見い出したものは、これからシューレ大学で研究を続けていくうえで必ず手助けとなるのだろう。ほかにも今まで書き上げてきた文章は、どれもその時点におけるひとつの答えのようなものではないかと思っている。研究を進めていくと考え方は変わり得るが、自分の取り組んできた研究を掘り進めていく末に生まれる、研究をした確かな実感。いうなれば「証」のようなものが残るのではないかと思うのだ。

〈食の問題〉から〈人間へと生まれ変わる〉まで

私は大学に入った当初、生き難さや苦しさはごまかしようのないほどに内包していたにもかかわらず、いざ研究を始めていくとなると、いったい何から手をつけたらよいものか迷いがあった。考えた末に、私はまず数年前から依存関係に陥っていて、一緒に暮らすのが困難な状況になっていた母との関係を考察しようと決めた。

発表を重ねていくうちに、母との依存関係には摂食障害が非常に大きな意味を持っていて、避けては通れない題材だと再確認する。

やがて母との依存関係も摂食障害も、私がシューレ大学に入学し一人暮らしを始めたことで、明らかな変化が起こったことに確信を得る。それはとても興味深く、内なる関心に身を任せるかのように、私の研究テーマが「シューレ大学に入り起きた変化とは、いったいどういうことであったのか」に移行していき、ついには最大の葛藤であった〈食の問題〉に触れる時が訪れたのだった。

その過程において、私は〈食〉について持てる限りの術を尽くして考察していった。まもなく、拒食はあくまでも苦しさの表出であって根源ではないと思いが至る。私の生きてきたなかで、絶対性を持ってしまった価値観や理想の存在、何よりそれに従わざるを得ない状況にあったことなど、〈摂食障害〉の裏側に潜む真の問題に辿り着いていったのである。そして最後には、自分の変化や食について、ロボット的な状態から人間へと生まれ変わったことなど、それぞれが点として存在していた事柄が、研究を経て一本の線でつながれていったのだった。

このように思いを整理していくなかで、先にあげた様々な工程は決して外すことができなかった。もちろん、みんなが同じようにやらなければいけないことはなく、その人がやりやすい形で掘り進めていくのが一番である。しかしそれでも過去の体験を振り返り、現在とのつながりを見つめること、人と共有することや各講座、言語化、文字化、文章化も、「自分研究」を進める際に、多大な力を貸してくれるのは間違いない。逆に言うと、こうした事柄なしに、自己の関心事を考え整理していくことも、その囚われから解放されることも、なかなか困難を極めるのではないかと私は思っている。

生きていく実感を得るために

これまでシューレ大学の自分から始まる研究において、ひとつのジャンルを形成しているとも言える「自分研究」について述べてきた。そんなこの章もそろそろ収束に向かわなければいけない。最後に、曲がりなりにも数年間「自分研究」に取り組んできた私が、どのように変化していったのか、そして今も研究し続けるのは何故かなど、現時点で私が感じていることを今一度振り返っていきたい。

・ひとりじゃない安心感

研究を始める以前と現在での変化については、普段あらためて考える機会もないので、いざとなると何が変わったのだろうかと少し考え込んでしまうところがある。だが食や家族のこと、日々の様々な囚われなど、大学に入るより前に一人ただ考えては処理しきれず辛くなっていた頃とは明らかに違っている。そうした違いは何処からきているのであろうか。

ひとつには、苦しさや辛さについて考えることへの「肯定感・安心感」のようなものではないかと思う。人は無意識に臭いものには蓋をしようとするが、自己の核心に近い切実な事柄を考えるというのは、その蓋を自ら開けていくようなものである。故にそれ相応の気力を必要とする。にも関わらず中から出てきたものによって解放どころかより苦しくなっていくばかりでは、やがて考えるという行為自体、蓋をしようとしてしまう。以前の私はこれに近かった。加えて、自分はどうしてこう苦しいことしか考えられないのだろうと、劣等感すら持っていた。なぜならば「考え過ぎ」「過去に囚われてるよりこれからが大事」「もっと前向きに生きる」といった類の価値観を、社会からさんざん浴びてきたからだ。そうした視点からすると、自分に内在する苦しさや生きづらさを考えずにおれなかった私は「こだわりの強過ぎる神経質」でしかなかった。

しかしシューレ大学で、世間的に見れば「大考え過ぎ大会」と言われてもおかしくなさそうな「自分研究」というものに出合い、取り組んできたなかで、それは決して神経質なわけでも後ろ向きなわけでもないことを知った。自分に関しては未だ言いよどんでしまう部分もあるが、ほかの学生の研究、発表において私が見てきたのは、真摯に、真剣に自分の人生を生きていこうとしている人々である。その姿を見ていくなかで私は「考え、向き合うこと」の可能性を感じ、自分もまた己の内面と徹底的に向き合い、考えていってよいのだと思えたのだ。

もうひとつは、考えるのが一人ではなくなったこと、それ以前に一人でひたすら抱え込まなくていられるようになったことが、天と地ほどの変化だった。ほんの数年前の私からしたら、ほかの人々に自分の内面や葛藤を語り、あまつさえ一緒に考えていくなど完全にフィクションのような感覚で、現実にあり得るとは思っていなかった。それが今では、自分ではどうすることもできない辛い境地に立った時には、誰かに示してみる、まわりの力を借りてみようかと思えるようになってきているのだ。これは日頃の人間関係で築かれたものも大きいが、研究において培われていった他者との安心感は、それを凌駕するほどの影響があったのである。

・苦しみはなくさなくても生きてゆける

自分と向き合うことへの肯定感と人と共に掘り下げること、そこから生まれた安心感。他にも細かいところでたくさん変わってきたのだと思う。これだけでも「自分研究」を続けていく意義は十二分に存在するのだ……と思わず断言して気持ち良く締めたくなってしまうのだが、やはりそれだけとはいかない現実も踏まえておかなければ、私自身しこりが残ってしまう。研究において変化していくことも何かしら得ていくこともちろん嘘ではない。しかし日々研究を続けるなかで、それに対する疑問や迷いが込み上げてくるのもまた事実である。

研究をして自身の葛藤と向き合っているからといって、現実にはそう簡単に苦しさや生き難さはなくなるわけではなく、例えひとつの問題や縛りから解放されたと思っても、すぐにまた次の問題が顔を出してきたりする。むしろ掘り下げるほどに、抱えている事柄が芋づる式でわんさか現れ、愕然としてしまうことも珍しくない。研究対象が尽きることはなく、革新的に楽になっていくわけでもない。そうなると、一見何も進んでいないかのように感じ「果たして研究は何になるのか」と焦ることもあれば、続けても意味がないのではないかと思ってしまう時もある。

それでも心底絶望的になることや、研究することが無意味にならずにいられるのは、少し落ち着いて見てみれば、一歩ずつ着実に変わっている自分に気付けるからだ。研究を通して苦しさの正体を知り、またその向き合い方と出合っていく、それだけでも心にのしかかっている鉛はグッと軽くなり、よほど息もしやすくなる。

そして一見矛盾に聞こえるかもしれないが、苦しさや葛藤から解放されることを望んで始めた「自分研究」を行っていくうちに、私は「苦しみはなくさなくても生きてゆけるのだ」と知っていけた。苦しさ、葛藤、不安や生き難さがあるのならばそれを見つめていけばいいのであって、前のように一人無力感に打ちひしがれ泣き寝入りしなくていい、自分なりに付き合う方法を考えればいいのだ。そうすればその存在を亡きものにまでしなくても自分のありたいように生きていけるのだと、今は思えている。おそらく、研究とはそうした「ありたい自分」に近づくためのひとつの道標なのだろう。

研究と自己の存在確認

現在、私はかねてよりずっと気にかかっていた〈依存〉〈人の遠さ〉や〈自信のなさ〉、そして〈孤独感〉といった四つのテーマを掲げ、それらをつながり合う存在として研究を行っている。この研究も例によって早急な解放が見込まれているわけでもなく、これまでにも幾度となく五里霧中のような感覚に陥っては歩く方向を見失い、立ちすくんでしまう日も多い。だが皮肉にも、そうして毎日もがきながら暮らしている時にふっと、なぜ先が見えなくてもなお研究を続けるのか、その思いが湧いてきた。

それはとても簡単でいて、とても強い欲求であった。私はただ自分が生きている実感が欲しかったのだ。私は自分のそれまでの生きてきた人生は、どうしようもなく空っぽだと思い続けてきた。それが圧倒的な虚無感を私に与えていったのである。内在した虚無感を埋めるかのように、今、研究に様々な思いをぶつけている。自分が今何を感じて生きているのか、何に苦しんでいるのか、何を思っているのか、何処にいるのか、どうしていきたいのか。こうした感情、感覚を研究をとおして自分に投げかけているのだ。そうして私は自分をとらえようとしているのである。

日頃私は、どうもすぐ自分を手放そうとしてしまいがちになる。それは余裕がなくなり、切迫した状態の時ほどその傾向が表れ、気持ちや感覚はおろか、向かいたい方向なども分からなくなっていく。はては「考える」行為すらしたくなくなり、冬眠したくなるか、何処かへいなくなってしまいたくなるのだ。これは先述の虚無感が強く働いている時とも言えるだろう。しかしそんな私を最後のところでつなぎ止めてくれるのがほかでもない「研究」である。つまりは最後の砦なのだ。根底の部分でそれを痛感しているからこそ、私もまたどんなに卑屈な状態にあっても、必死で研究だけは手放さなかろうとするのだろう。それは結果として自分を手放さないですむと思っているからだ。

今までも、やがては解放されたいし楽にもなりたい、そして肩肘張らず生きたいように生きていければと思い研究をしてきた。そしてこれからも基本的には変わらずに持ち続ける望みであるのは間違いない。だがしかし、解放される、変化していくという最終的な結果以前に、自分が生きていることを自分に問いかけていたいから、自分がここに存在していることを感じたいから、そして確かめたいからこそ、私は「自分研究」をしていて、またこれからも研究し続けるのだろう。

シューレ大学の風景

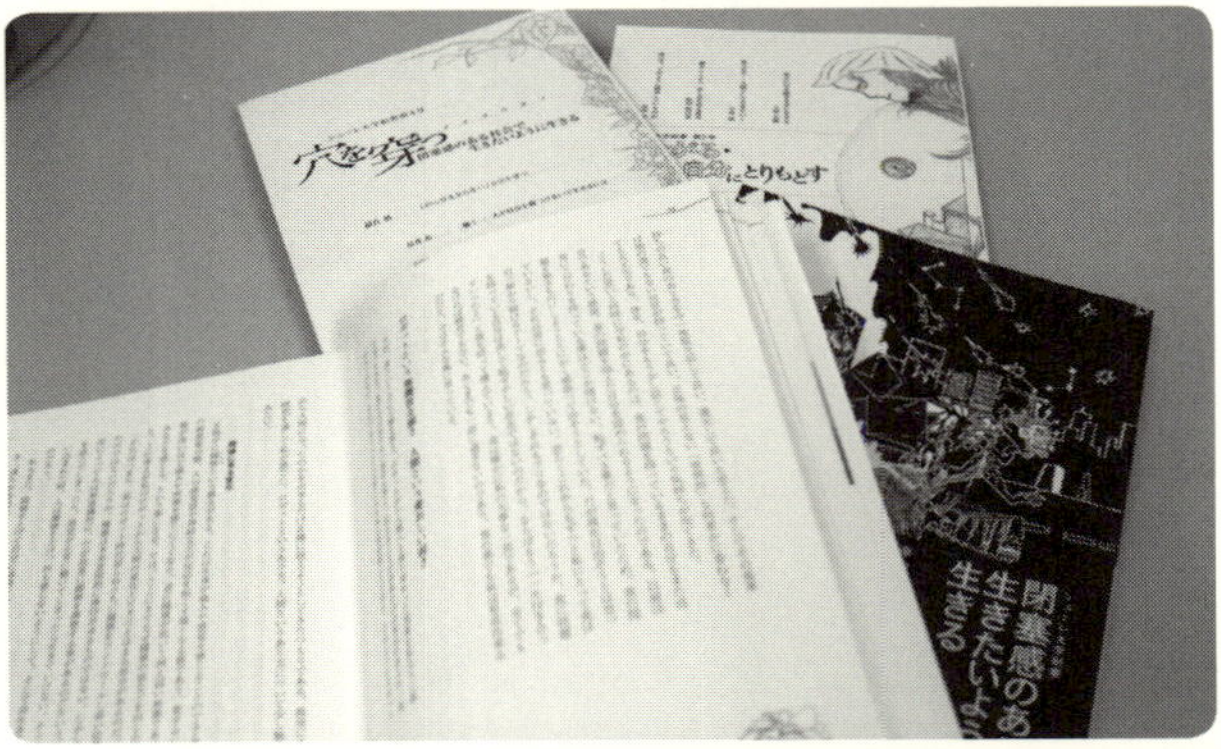

法人 シューレ大学
シューレ大学

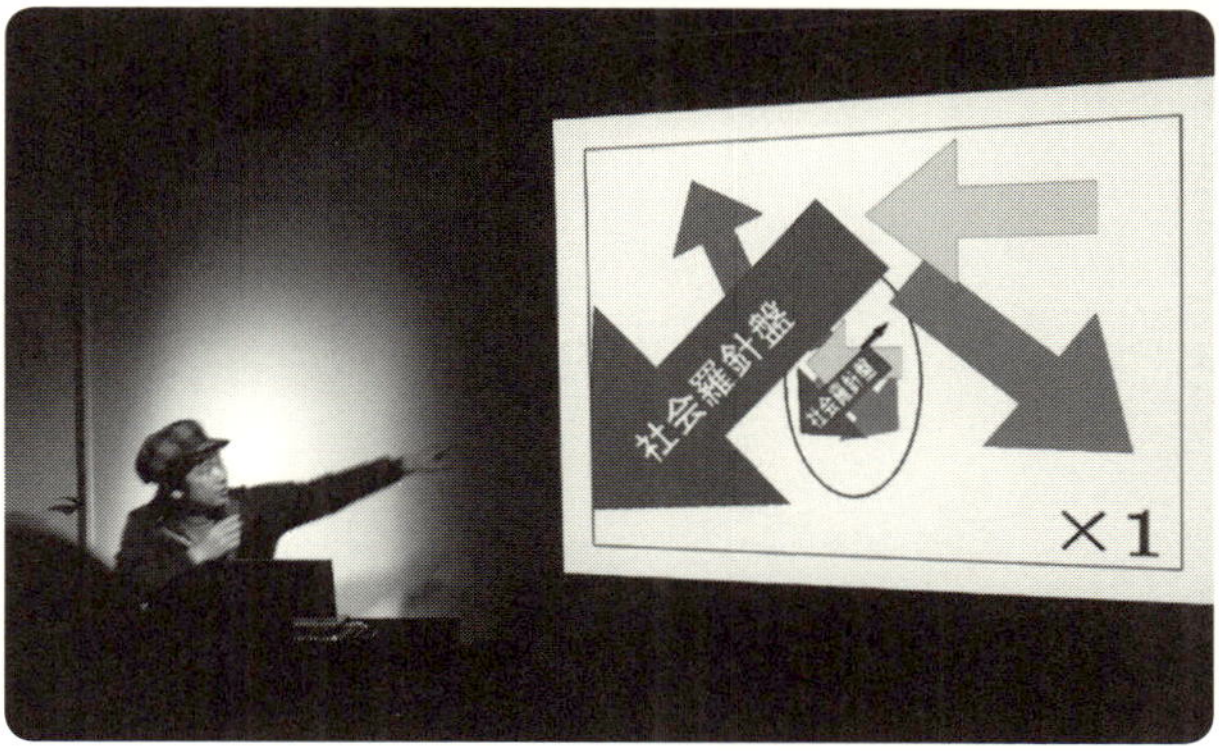
社会羅針盤
×1

自分から始まる研究——自分が自分を受け入れてゆくこと

シューレ大学の講座「研究ゼミ」では、「研究とは何か」についてたびたび議論している。この講座は始まって五年以上続いている講座で、このテーマは何度となく取り上げられ、いつも議論は高揚する。紙幅の限りもあり、ここでその議論は紹介できないが、研究している学生たちは、知りたいと思うことをより深く掘り下げようとする意識が高い。

シューレ大学で行われている研究は、紹介するにあたって便宜的に分けると、個別研究とグループ研究がある。個別の研究は平井渚さんが紹介してくれた「自分研究」を含むもので、「研究ゼミ」や「生き方創造」の時間を中心に行われているものだ。そこでは、個々が自分の関心のあるテーマを選び、発表を交えながら研究を進めていく。このような研究は様々な発表の場がある。年に一度、学生が自分の研究究や表現をほかの学生たちの前で発表する「報告会」や、『シューレ大学紀要』に論文発表したり、外会場を使って外部に対して大学の活動を発信していく「シューレ大学公開イベント」などだ。グループ研究は「学歴社会・不登校」「不登校研究会」などの講座や研究会で行われることが多い。

例えば「学歴社会・不登校」の講座では一年半かけて「否定的な不登校観がどのように変化したのか」をテーマにお互いにインタビューし合い考察していったり、不登校研究会では韓

不登校研究会の活動
不登校の歴史　1999年～
「不登校」の歴史を精神科医の論文・新聞を中心とした報道・教育・社会の歴史との関係で辿る
不登校と医療の調査　2002年
調査票を用いた調査研究　報告書「不登校と医療」発行（2002年）
韓国のフィールドワーク　2000年～
2000年　①草創期の代案学校と自退生を知る 2001年　②各地の代案学校への訪問研究 2007年　③多様な代案学校への訪問研究　ほか 報告書「韓国の不登校」2000年、「韓国の教育と代案教育」2001年発行
台湾のフィールドワーク　2004年
各地のオルタナティブスクールへの訪問研究　2004年報告書発行
中国のフィールドワーク　2006年
教育加熱の状況の研究調査・公立学校、大学などを訪問（上海、広州） 「教育噴火 経済発展する中国、広がる学歴社会」出版 2006年

国、台湾、中国などに出向き、不登校やフリースクールなどについてのフィールドワークを行ったり、医療と不登校について調査票を使った調査を行い分析したりした（前ページ表）。さらに不登校研究会では、それらの研究活動を報告書にまとめたり、書店に並ぶ書籍を出版したり、専門家の学会で発表する活動も行ってきた。

個人研究でもグループの研究でも、自分や自分と社会をとらえなおしていく研究が多い。基本的に何を研究しても良いのだが、自分とは何者なのかを研究をとおして掘り下げていきたい欲求を持つメンバーが多いのではないだろうか。

最近は「自分研究」という言葉を使われるが、以前からも自分をとらえなおしていく研究の流れがあった。そこには「知るは変わる」という言葉が生まれ、語られるようになったり、「研究の劇的さ」というようなとらえ方も近頃は意識されている。それらの言葉が意味することは、自分を知っていくことに関すること、あるいは今の自分が無視しようもなく気になるを研究していくことで、結果的に自分が変わらざるを得ないような発見につながっていく。無視できないことは、しばしば自分にとってのっぴきならないような苦しさであることが少なくない。そこから生ずる変化とは、自分の価値観に変化をもたらすようなものであることがあり、解放される経験であったりすることから、「研究の劇的さ」と私たちは表現している。

先述の通り、シューレ大学の研究は個人の研究であれ、グループ研究であれ自分自身や自分の体験に根ざしたものが多いが、このようなシューレ大学の研究と、近年多くの注目を集めている「べてるの家」の「当事者研究」との共通性を指摘されることも少なくない。実際にべてるの家で当事者研究をしているメンバーと、メンバーに長年よりそってこられた向谷地生良さんと話をする機会があったが、そこでは、お互いに共通することを感じた。それは、生きづらさを抱えている人たちは、自分自身の存在を受け入れがたい状況に置かれやすいこと。そのなかで、社会の多数者の価値観で評価するのでなく、研究を通じて自分で自分を受け入れていく過程を体験している点があることではないかということだ。

自分を研究することについて、社会の理解は簡単には得られない。「そうやって自分のことばかり考えていつまでたっても辛がっている」とか、「もっと気軽に考えればいいのに」とあきれられたり、善意として言われたりすることも少なくない。しかし、自分が自分を受け入れられなくては、他者と関係を築いていくこと、社会に参画していくことは容易ではない。

シューレ大学の公開イベントで「つながる・世界を自分にとりもどす」という言

葉をテーマに使ったことがあったが、今の若者にとって社会は遠く感じられている。それはシューレ大学の学生をはじめ若者を中心とした少なからぬ人々が、自分が自分であることを許されないような、生き難さを感じていることの現れではないだろうか。自分であることが否定されていると感じている状況では、自分であることも、他者や世界とつながることも奪われていると感じられるのだ。

自分から始まる研究は、奪われていると感じられる世界と、自分とのつながりを取り戻す営みであり、その基盤になるのは自分であることを取り戻すことであるように思う。だからこそ、自分についての研究、自分の体験につながる研究は重要であり、そこから多くの解放も生まれているのだろう。

（朝倉景樹）

第4章

「自分研究」論文

平井 渚

長井 岳

須永祐慈

山本菜々子

はじめに

前章ではシューレ大学の「自分研究」について紹介した。この章では、「百聞は一見に如かず」という言葉があるように、今までシューレ大学が発刊してきた紀要から、実際の論文を数本見ていただければと思う。そこでさらに自分研究の内容をより分かっていただけるのではないかと期待している。

「シューレ大学紀要」は、日頃進めている研究を一冊の冊子にまとめたもので、年に一度のペースで制作されている。毎年だいたい五・六人の学生が自分の研究論文や文章を載せていて、それまでに進めてきた研究の集大成といったところが強い。また、文章を書く機会としても紀要はひときわ気合が入っている。

紀要制作においてもシューレ大学らしく、人と共有に時間をかけながら、議論を繰り返し深めている。加えて近年は、構想の段階でアドバイザーの最首悟さんを招き、検討会も行っていて、より内容の濃い研究論文を目指している。

第四章では、前章で平井渚の研究を例をあげて紹介させていただいたこともあり、シューレ大学に入ってからの変化や食を通じての考察を描いた、少し短く編集した平井の論文をひとつ。また過去に発行した紀要から三人の論文を抜粋し、一部編集したものを掲載する。

長井岳の論文は、働くことがどのように苦しかったのか、そしてどのように働きたいかを考察したもので、次の須永祐慈の論文は、不登校を経験した時の親子の関係を掘り下げ、最後の山本菜々子は、表現することと自分の存在を肯定することについて深めようとしている内容となっている。

紙幅の制限から抜粋とせざるを得ず、一部背景などの分かりにくさや言葉の重複を感じる部分があるかもしれないが、あらかじめご了承いただければと思う。さらに全文をお読みになりたい方は、直接、シューレ大学にお問い合わせ頂けると幸いである。

私で在る――人間として生きていく

ロボットから人間へ

平井渚

この秋、私はシューレ大学に来て二年になろうとしている。この二年という月日は私のそれまで生きてきた人生に負けないくらい、いやそれ以上に充実していた。

それというのも、この大学に入りとても多くの人、もの、ことに出会い、まるで止まっていた時間が一気に動き出すかのように激しく流れていく日々のなかで、私は自分でも信じ難いほどに変わったからだ。そしてその変化を語る場面に出会う度に私は「ロボットから人間になった」と言ってきた。そこで今回はひとつの軸を設け、そこを中心にロボットから人間になるとは一体どういった現象であったのか、その変化を見ていきたいと思っている。その軸とは〝食〟である。

どうして食なのかというと、この食というのが私の抱えている生き難さの核に限りなく近い事柄であり、人生において非常に重要な位置を占めているからである。

ロボット時代の食のあり方

拒食と生命の危機

ロボットの様であったととらえているシューレ大学入学以前の私は、数年に渡って拒食状態で、食べる物（内容）、その量、食べる時間帯など、強い規制、枠組みがあり、その範囲内に収まるように食事を制限せねばならなかった。常に頭は食のことでいっぱいになっており、そのコントロールに多大なエネルギーを費やしていた。

食のコントロールを止めたくてしょうがないのだが、いざ自分の考えている枠を超えて食べてしまうと途端にパニックになってしまう。食を抑えることが出来なかった自分を受け入れられない、許せないのだ。一度パニックになると、もはや本人の手には負えなくなってしまうことが多く、訳も分からず泣き叫びながら家の冷蔵庫に入っている物を引っ掻き回しては部屋中に投げ捨てたり、グチャグチャに潰したりしていた。

パニックが収まった後もなお、食べてしまった事実や強迫行動から外れたことに対する後悔と拒絶感が尾を引き、頭が囚われ何も手につかず無気力状態に陥ってしまう。そうしたパニック症状や無気力感を私は心底恐れていたし、同時に何としても避けるべき事態であった。そのためどんなに辛くても食の規制を止めることができなかったのである。

こうした食の規制や強迫感というのは段々とその強さを増しエスカレートしていき、最終的には二度ほど入院を迫られるまでになった。そんなにも常軌を逸していたにも関わらず、私は食の規制や諸々の強迫感を緩めてはいけず、生命存続のギリギリの線を低空飛行しているような状態が続いていたのである。

私の中の独裁者

この時期の私は過剰な食のコントロールや強迫行動において、とにかく頭で考える部分が強く、休めない感や時間への規制なども全ては頭がその様に仕向けた。頭がそうしろと命令したら感覚、感情を従わせ、その際に体感や欲求などはいくらでも虐げられてしまう。当時、時間への強迫感に近いところで日常のパターン化というものもあった。朝起きてから寝るまでの間で何時に何をするといった自分の頭の中でパターンを作り、それに沿って毎日生活をしていたのである。食べ過ぎてしまった後の数日間は普段以上に食を抑え、半日でもあまり動かない日があれば後の数日、いつもの倍近く動くことでプラスマイナスゼロにしようとするなど、元を取るようなまさに機械的行為もまた頭の強力さを象徴していた。この我が物顔した頭の独裁主義こそ、ロボット時代の特徴のひとつと言えよう。

さらに、当時私は自分のことを自分のこととしてとらえていなかった。自分の人生としてとらえていたのなら、あんなにも体を追い込んで果たして平気でおれただろうか？　ロボット時代の私は全くの独りであった。自分と外の世界が完全に切り離されていて、ほかの人とは生きている世界が違うため決して交わることはないと思っていた。しかしそれ以前に、自分自身すらも自分から切り離されていたのだろう。

ロボットになる必要性・ロボットでいる必要性

拒食へと向かう土台

どうして私は食に問題を抱え、それを固持したまま暮らさざるを得なかったのか。「若い女性にはよくある話だから」で済ませるには釈然としなさ過ぎる。確かに食の問題であるのだが、その本質には私自身の問題や生き難さが潜んでいて、それらが集約され私の場合は食へと表れただけなのだ。故に問題の核心はその裏にある「どうして食にこだわらなくてはならなくなったのか」である。

私は小学校一年生の時に不登校になり、それからシューレ大学に入るまでの十数年間、圧倒的な時間を家で過ごしていた。人間関係といえば家族が九割以上を占めており、第三者との関わりは著しく少なく、家族の影響力は多大であった。

では私に影響を与えた家族の価値観とは実際にどういったものだろうか。食に関しては、とにかく〝食べるという行為〟に対して否定的であった。食べること全てを否定していたというよりは、許容範囲が存在していたのである。「このくらいまで」という範囲があり、それを超えてしまうと途端に食べることに否定的なニュアンスが含まれ始める。その範囲は分かりやすいところでは量であり、体に良い物悪い物といった内容であったりするのだが、更には食べる時間帯、その日の運動量なども測定の対象となる。どれかひとつでも範囲から外れているとそれはダメなこと、正すべきことになる。食べ過ぎた後は食事量を抑える、その分運動して消費する、お菓子などは体に悪いと端から芳しく思っていない等々。物心がついた頃からそうした感覚を目の当たりにしてきた私もまた、その価値観に何の疑いも持たなかったし、不自由なのだということすら気づかずに育ってきたのである。

清らかな自己

健常であるということへも強い抵抗感があった。日々ただ辛く、苦しいのに体が正常などというのは受け入れ難い。死にたくはないのだが、元気でも困るのだ。未来に少しの希望も見出せないで、毎日が虚無のようであるのなら体も虚無でなければ許せなかった。私は昔から満たされているとなぜか不安になることが多い。楽しいと感じたりすると怖くなり、何かいけないのではないかと漠然と思ってしまう。反対に苦しい時は無論辛いのだが、どこか安心する部分があった。拒食というのは自傷行為である。体が悲鳴を上げるほどに自身を追い込むことで安心感を得ていたのも紛れもない事実であった。そこまでしないと存在して良いと自分で思えなかったのかもしれない。

食べずに栄養失調でいることで世間の人々とは違う存在、どこか異物であるというふうに自分を位置づけようとしていた。そこには他の人々にはない、尋常の域を超えた何かがないと己の存在が消えてしまう。この世の底辺にすらいることができない感覚があった。その何かが異常な食のコントロールであり、結果招かれた拒食という状態であったのだ。

そもそも自分が不確かで自信がなく、最も信じられないということが始めにある。そのために、すがるもの、確かなものが欲しかった。そうしていつしか私は〝清らかな自己〟という偶像を自分の中に構築し追い求めていったのである。それは例えば人の悪口は言わない、相手の言うことを受け止め尊重する、妬み、恨みなどの負の感情は抱かない、自分のことは自分で処理ができる。どんな逆境でも取り乱すことなく冷静で、常に心穏やかであり、衝動的な怒りや苛立ちなどに流されない。エブリデイ微笑マン。面倒でもやるべきことを優先的にテキパキと効率よくこなし、ダラダラと時間を過ごしてはいけない、といった具合だ。この時点ですでに人間を逸脱した存在である気もするが、本気で目指していたのだ。そうでなくては私など受け入れてもらえないと思っていた。そうしていくうちに最後はほかの誰でもない、私自身がこの〝清らかな自己〟でいないと自分を受け入れられない、その存在を認められなくなってしまったのである。

食に求めたもの

そうしたあるべき姿を目指していく上で、私にとって食はひとつの手段に変わった。それが〝食のコントロール＝自己コントロール〟という構図である。

元々食べることは私にとって、はしたない、ダメなこと、恥ずかしいことであるといった罪悪感が存在していた。食べてしまう人は自制心がなってないのだという考えがあり、逆を言えば、食べない人は自制心があり、ちゃんとしている人となる。食べる自分は汚らわしく、食物を摂取する度に毒物を体内に取り込んでいる気さえしていた。つまり食べない状態というのは〝清らかな自己〟でいるための最低条件、言うなれば土台である。そのため食を抑えれば抑えるほど自分に対して肯定感が持てた。体の衰弱と反比例するように私は安心感を得ていった。例えそれが無理やり作り出した張りぼてのまがい物だとしても、私にとっては唯一の存在肯定であり、その安心感こそが誰もいない、何も信じられない宇宙空間を漂っている時の命綱だったのである。

さらに食という人にとって根元的な欲求を抑えていった結果、意図的ではないにしろ私は人間的な感情や感覚の欲求も同時に封じ込めていくことになる。感じないよう麻酔をかけているようなものであった。何も感じなくなれば怖いものはなくなる。他人事のようだったり幽体離脱したような状態もまた、自分の感覚を見ないように無意識に封じることにより起こった現象であろう。そこまで自分を切り離さないと、とてもじゃないが私の目指していたあるべき姿などにはなれなかった。

正体の見えない世間的な「良い・悪い」の基準を最優先にし、食を抑え、麻酔を掛け続けて辿り着いたひとつの終着点が、疲れたら疲れたと感じ、空腹を感じ、痛いと感じる肉体や、悲しいと感じ、悔しい、寂しいと感じる心を切り捨て、頭からの指令にのみ準じる〝ロボット〟という状態だったのかもしれない。しかもその頭の判断基準は自分の中にはない。あくまでも外の世界、顔の見えない第三者に委ねられていたのである。

シューレ大学に入り起きた変化

シューレ大学に入って数か月もしないうちに私は食を抑えるのをやめた。当時の状況からするとこれは天変地異であり、人間に生まれ変わるきっかけになったと言っても過言ではない。そしてこの大学に来てから私の持っていた食に対する罪悪感は大きく減っていき、その中で得た自由さは計り知れない。

現在では拒食を脱してから随分経ち、食に対する強迫感、囚われもだいぶ薄らいできていて、それに伴い数々の強迫感も解体されていった。それらは元々、夜遅くには食べてはいけないといったことや食べた分は動いて消費しなければなど、食から来るものが大きかったのであり、食の囚われや強迫感の緩和と共に解体していくのは何も不思議なことではないかもしれない。

では、その様な現象が何を示しているかと言うと、それは〝清らかな自己〟でなくてもまぁ許せる、パニックにならずに済む私が存在しているという現実である。食を抑えることに始まり、自分がこうあるべきだと思い込んでやまなかった様々な条件や、ぎちぎちに狭い許容範囲内に収まれず〝べき子ちゃん〟であれない自分でも、それなりに受け入れられるようになったのだ。それは〝清らかな自己〟に対する偶像崇拝との決別であり、頭の独裁政権が終末を迎える時であり、果てはロボットから人間になる大きな第一歩であった。

いざ人間へ

拒食からの脱出に始まる食の変化、〝清らかな自己〟からの解放。それら全てがシューレ大学に入ってから起こったのだが、もちろん単なる偶然な訳がない。あんなにも強力で一歩も譲らなかった食へのこだわりが、こうも見事に解体されていったのは一体どういうことであったのか？

人を感じ、「私」を感じる

大学に入る以前と以後で決定的に違うことがある。それはコミュニケーション、人との関係だ。ロボット時代の私の人間関係は家族がほぼ全てであった訳だが、この大学に来たことにより私は数多くの人と出会い、繋がっていくことができた。こうした経験は私の人生において初めてだったのだ。大学に入ったばかりの私は、正直、人と繋がれる気など到底していなかった。不登校してからあまりにも長い時間を一人で過ごしすぎていたことあったし、実際ずっと家族以外に心を許せる人に出会ってこなかったからである。

だがこの大学に入り私が出会ったのは、それぞれにのっぴきならない問題や葛藤を抱えながらも、真剣に、真っ向からコミュニケーションをしようとしている人々、人との関係を諦めていない人々であった。人と繋がるなど雲をも掴む夢物語だと思っていた当時の私には、そうした空気が非常に新鮮かつ衝撃的であり、その空気に触れることで心の奥底に封印してあった人と繋がりたいという欲求が反応をしたのだろう。この場所ならば人と繋がっていけるかもしれないと思えたのだ。

この世界にただ一人ではない、自分一人で毎日を過ごさなくて良い。こうした状況が私に与えた安心感は並大抵のものではなかった。ロボット時代、私は拒食ひとつ取っても一度たりとも周りから強制されたことはない。だが、ひたすらに自分一人で首を絞め続け、叶わなければパニックになっていたのである。まるで独り相撲をしている感覚であった。しかし、それでも止めることができなかったのは、他でもない「独り」だったからなのだ。自分の存在が不確かで、今にも消えそうだった私には拒食や〝清らかな自己〟といったすがるものが必要であった。しかし大学に入ったことで生まれた人との繋がりをとおして、私は人を感じることができた。それにより自分の存在を知り、感じることができたのだ。

食を自分に還元する

こうした経験を重ねていくうちに、いつしか私は食によって自己コントロールをする必要がなくなっていた。食のことを手放し、抑えていなくても自分の納得のいくように生きていけるかもしれない、私でいれるかもしれないと思えたのである。もっと言うと自己コントロールをしなくても、〝清らかな自己〟像や世間のあるべき姿に沿っていなくても私は存在して良い。食を、ひいては自分をコントロール下におかなければ生きていけないことはないと思えたのだ。食から自由になって良い、解放して良い、何よりもう以前のように食を介して安心感や存在価値を得なくても良いということであった。

私はずっと食の基準を自分に置いていなかった。故にどこか自分の手の中にない感じがしていた。ほかの誰か、または何かが決めた基準に合わせて、そこから外れないことだけを意識してきたのである。本来は自分のものとして持っていたはずの食の基準を私は失っていた。それでも食と向き合い解体してきたことで、食を自分のものとしてとらえられるようになり、気持ちの良い食のあり方を取り戻し、還元して良いと思えた。そしてその基準はほかの誰でもない自分が持っていて良く、正体の見えない「世間的」な何者かに委ねなくても大丈夫であり、体を、自分をもう少し信じてやろうという気持ちが出てきた。

今私にあるのは、食の問題を持っているままの自分もまた自分であるという感覚だ。食の問題を抱えた自分を認められるようになったのである。以前は食にこだわりを持つことはどこか情けなく恥ずべきことだと思っていたため、食の問題を無きものにしようと頑張って治そうとしていた。だが現在は治そうとは思っていないし、それ以前に治るとも思っていない。恐らくこれからもずっと私にとって引っ掛かり続けるテーマなのだろう。しかしそれもアリなのではないだろうか。食に問題を持っている自分は決して恥ずかしい存在ではないのだから。ならばもう「一生付き合っていったる」と腹を括って構えていよう。食は確かに私の大事な一部であるが、全てでもなければ絶対でもない。あくまでも一部に過ぎないのであり、ほかのことでも私は形成出来るのだと今は思っている。

ロボットという無機質な強さ　人間という愛おしい弱さ

閾値《いきち》に見る変化

閾値とは、生体が痛みや感覚を感じることのできる最小限の刺激量の値、人の感覚器や神経などが反応を起こす境となる値である。この閾値が高いほど痛みや刺激を感じにくくなり、逆に閾値が低いと例え弱い刺激であっても痛みなどを感じる。もしも痛みを感じてしまったら、感覚が正常に働いてしまったら生きていけない。そうした所まで追い込まれた時、人は閾値を上げ、何も感じないようにして、そしてなお生きていこうとするのだろう。

私はロボット時代知らぬうちに閾値をコントロールし、高い位置にしていたのではないだろうか。閾値を上げて自分に麻酔をかけ、心や体の感覚を閉じることにより、あるべき〝清らかな自己〟を手に入れようとしていたのである。その時、食という生命の源が閾値のコントロール媒体であった可能性は高い。拒食は閾値を一定以上に保つのに必要だったのかもしれない。あるべき姿でいようとするならば、痛みや体の感覚などをいちいち感じていたらとてもじゃないが潰れてしまう。だが当時の私は〝清らかな自己〟にならなくては生きていけなかった。自分の存在を許せなかったのである。その時生命体としての私は死ではなく、生きることを望んだ。ロボットになってでも生きようとしたのだ。そのためには閾値を上げ、痛みはさることながら、あらゆる感覚をも麻痺させるしかなかったのだろう。

ロボットであった時が閾値を上げていたのだとしたら、今の私、人間になった私は閾値が下がったととらえるのが妥当であろう。むしろ正しくは、閾値が下がり様々な感覚や感情を感じるようになった状態を、私は人間であるととらえたのだ。シューレ大学に入り新しい人や価値観に出会い、少しずつだが確かな安心感を得ていくうちに、私の本能が閾値を上げていなくても大丈夫だと、生きていけると感じ取ったのだろう。

人間として生きていく

閾値も下がり感覚が戻り始め、人間としての道を歩き出した。一見大団円な雰囲気が漂うが、現実はそう簡単にはいかない。なぜなら閾値が下がり麻酔が解け様々なことを感じられるようになると同時に、苦しい、辛いという負の感覚も湧き出てくるからだ。今ならばそれらの感覚を感じてもやっていけるかもしれないとはいえ、それまで散々感じないように生きてきたのだから正直持て余してしまうことは往々にある。価値観も着実に再構築されてきているが、手のひら返したようにはいかず、〝清らかな自己〟や〝べき子ちゃん〟への欲求を完全に捨て切れている訳でもない。気持ちが萎えていたり、しょげている時にはロボット状態であった自分に未練が出てくることさえある。閾値が高く、痛みも何も感じずいられた当時の方が強かったのではないか？　それに比べちょっとしたことで傷つき、辛くなる自分は弱くなったのではないか？　と思ってはやり切れなくなってしまう。

確かに何も感じないというのは無敵のサイボーグであり、ある意味強力には違いないかもしれないが、それでもやはりロボットに戻りたいとはただの一度も思わない。ようやく自分の人生を顔の見えない第三者でも、家族でも、ほかの誰でもない自分のものとして生きられるようになり始めたのである。それは〝清らかな自己〟などとは程遠い、非常にドロ臭く滑稽でいて、全く持って美しくもなんともない、とても脆い存在かもしれない。しかしそんな中で、今感じている痛みこそが人間として生きている証であるならば、それらを封じ込めたくはない。痛みを痛みとして、悲しみを悲しみとして感じていたい。そして私は私として日々生きていく。生きていきたいのだ。

（シューレ大学紀要第5号「私で在る——人間として生きていく」より）

働く——人や自分を傷つけないで生きるには

「自分でいられない、工夫できない」

長井岳

東京に来て、一般の大学に行きながらのバイトで「本当の自分」と「職場の自分」とのギャップを意識するようになっている。職場の自分と本当の自分、例えば友だちと遊んでいたり、家族と話したりしている時の自分とは確実に違っていた。

スーパーで働いている時はバイトで見せている姿と、実際の自分に大きなギャップを感じ、引き裂かれた。職場でいい人を演じるのがつらいのと同時に、仮面を被る自分が許せなかった。ハンバーガー店で働いている時には、「センサーを切る」という感覚があった。たとえば僕には六八五七個のセンサーがあって、そのセンサーで自分の痛みや喜びや、人の悲しみやうれしさとかいろんなものを感じ取っている。だけど、そのセンサーを全くオープンにしていては働くことができない。ずたずたに傷ついてしまう。バイトの仕事自体はルーチンワークだから、考えなくともよい。感じなくともよい。センサーは三つもあれば充分だ。前の日から時間をかけてセンサーを一つひとつ切っていき、バイトに臨んだ。

職場において自分を抑え、自分でいられない状態が続くと、当然のことながら苦しさが溜まってくる。それは朝起きる時、仕事に行く前に現れる。配管工の時は、働き始めてしばらくすると、朝起きるのがきつくなり、辞める直前には遅刻がとても多くなっていた。国内系ハンバーガー店の時は、仕事に行く前に辛い気持になった。布団の中で集中して苦しみ吐き出してからバイトに向かった。

自分は朝が弱いのだと考え、夕方や夜に始まる居酒屋で働いたが、それでもバイトに行く前はきつい気持になった。この頃には、「ここでがんばらないと強くなれない。不登校の自分に逆戻りだ」と自分を叱咤し、無理やり起きてバイトに向かった。工事現場派遣労働の頃になると、朝がつらいのは当然のことになっていて、余裕を持って起きるためにかなり早めに寝るようになった。気を抜くと遅刻をしてしまうから、職場にかなり早く着くように行動した。約束の時間の一時間前に現場に着くこともよくあった。そういった努力の結果、遅刻は極端に少なかった。

バイトが終わると、大抵の場合へとへとで、何もできない状態になっていた。居酒屋は一二時間労働が当り前だったり、派遣労働は重い荷物を運びつづけるなどハードな仕事だから疲れるのだと考え、時間が短く楽な仕事としてスーパーの店員を選んだが、疲れきるのは変わらなかった。最終的には外資系ハンバーガー店で、一日に数時間しか働いていないにも関わらず、バイト後はでろでろに疲れきっていた。八時間働けるのが普通なのに、自分は八時間働けない。将来どうしようと考えた時期もあった。

これは、体力的な問題ではなく、気持のつらさによって体のつらさをより感じたり、「職場の価値観」から外れないように常に緊張していたために、消耗していたのではないかと考えられる。仕事に行く前にきつくなるのは、実際の自分を仕事用の自分に変えなければならないことに気持ちが悲鳴を上げていたのではないか。これは不登校の時の学校に行けない気持とよく似ていた。

決められた仕事がこなせるようになっても、その仕事が苦しいと、仕事の工夫をしたくなる。外資系ハンバーガー店で働いていた時にはよく、マニュアルに定められたチーズバーガーやらテリヤキバーガーだけではなく、イギリスの屋台のサンドウィッチのように、客の要望に応じて好きな具を挟むやり方がいいと考えていた。また、マニュアルで対応するより、その人その人に対する接客が良いのではないかと考えた。しかし、その提案をしても取り入れられるとは、とても思えなかった。

このように考えるようになったのは、シューレ大学に入って、いろいろな活動を自分でつくっていけるという体験をし始めたことが大きいのではないだろうか。シューレ大学に入るまでは、ただ、職場のやり方に合わせるので必死で、せいぜい愚痴をいう程度で、職場のやり方を変えられるという意識が極端に少なかった。

僕にとって働くとは、自分を職場の価値観の枠にはめていくことである。配管工をしているとき、その枠にはまるあり方が「学校と同じだ」と思った。学校では、多少なりとも抗えた。職場では抗えない。学校はいつかは終わるが、仕事は一生続く。世界はこのように作られているという絶望感があった。絶望して死ぬわけにもいかないので、それに耐えられるような強い人間にならねばというのが、シューレ大学に入った頃の価値観だった。

実際に鬼のような上司が存在するというよりは、価値観を僕の中に内面化し、それによって自分の行動を締め付けるということが大きい。職場で安心して働きたいと思う時、僕はその場の価値観や僕自身が内面化してきている「職場の価値観」に合わせようとする。その審判者として上司がいる。上司を基準に自分が職場の価値観からどれくらいずれていないかジャッジする。これが僕が幸せに働けなかった根底にあるものではないだろうか。

「このように働いていきたい」

僕にとって働くことは、自分を捨てていくことだった。

自分を捨てて、空っぽにして、ただ、目の前の仕事をこなす。上司をひたすら受け入れる。最後に定期的にアルバイトをしたのは、世界的なチェーンを持つハンバーガーショップだった。シフトが自由に組めることと、ハンバーガーが好きであることが理由で選んだ。働く時間も短いし、工事現場の肉体労働などに比べればはるかに楽だった。楽なはずだった。だけど、数時間の仕事が終わった後、僕の体はでろでろに疲れきっていた。

なぜだろう？　僕にとって働くことは自分を殺すことだ。自分を殺して、目の前の仕事を黙々とこなし、上司の言うことを空っぽの自分に放り込むことだ。

どうして上司の言うことをただ疑問も挟まずに受け入れられるのか。

それは自分には何の価値もないと思っているからだ。僕が感じることや考えること、怒りも苦しさもアイデアもなにもかも、なんの価値もない。だから、自分から生まれるいろんなものを殺して「価値のある」上司に合わせて「価値のある」仕事をすることができた。

——ちょっとしたミスで「バカヤロウ。おまえのせいで店がめちゃくちゃになっちまうところだったんだぞ」と言われても、自分の責任だと自分に思わせることができた。

世界中に支店を持つハンバーガーショップで働き始めたのは、シューレ大学に入った時期と同じだった。シューレ大学は、初めに僕が思っていたような「不登校を経験した若者の学ぶ場」ではなかった。それだけではなかった。

シューレ大学は、どんな人でも学ぶことができる。学ぶだけではなく、表現もできる。そして変わっていける。その人が望むならありたいように変わっていくことができる。自分が想像もつかないくらいに変わっていくことができる。そういう場所だった。

僕は初めは、自分の劣等感さえどうにかできればよかった。そうすれば普通の会社で働くことができる。だけど、僕の予想を越えた形で僕は変わっていった。とても簡単に言うと、僕は自由になっていったのだ。無理をしなくとも、強くならなくとも、僕であっていいのかもしれないと思い始めた。それは同時に、自分には価値がないとは思えなくなっていく変化でもあった。

バイトに行くたびに殺さねばならない自分は、どんどん大きくなっていった。殺された状態から自分に戻るには、また時間やエネルギーが必要だった。だから、バイトが終わった後にシューレ大学にいるとき、僕はでろでろになっていたのだ。

シューレ大学で自由になっていく自分自身。バイトで殺し続ける自分自身。この二つの自分は両側にぐんぐん引っ張られて、当然のごとく、はじけとんだ。バイトに行けなくなった。体が動かなかった。バイトに行ってしまえば、当り前のように働くだろう。だけど、その自分をうまく想像することができなかった。考えると、涙が出た。バイトでの自分は人を殺せそうだと思った。僕は僕を殺しているのだから、人だって殺せるに違いない。

自分を殺しながらつくるハンバーガー。あらかじめ千切りにされてパック詰めにされたキャベツ。凍った肉をパズルのように鉄板に並べる。つくっていると、プラモデルの部品のように思えてくる。どんなに客に笑顔を浮かべても、僕は心の底からの笑顔を浮かべることはない。——そんなハンバーガーを誰が食べたいのだろう。

僕にとって働くことは自分を殺すことだ。この研究ではそれを変えたかった。なにより自分自身の中で。ワーカーズコレクティブにおいて働くことは喜びであることに、僕は衝撃を受けた。ワーカーズコレクティブという働き方をしたいのではない。僕はただ、毎日を喜びで満たしたいのだ。もちろん、どんなことをやっていても傷ついたりするし、苦しいことだってある。だけど、そういった傷や苦しみも納得して引き受けたいのだ。

僕だけに限らず、今の世の中では働くことは必要悪であるというように感じる。なんだかんだいっても働いていないと人は価値がないし、一人ひとりが喜びを持って働くことは重視されない。僕はその価値観を壊したかった。可能性、扉、穴、何でもいい。ただ、僕が身構えないで生きていける、僕が毎日を喜びながら働ける、その世界へのひとつの扉を開きたかった。

（シューレ大学紀要第4号「働く——人や自分を傷つけないで生きるには」より）

学校に行かない子どもを持つ親からの問いに反応する

須永 祐慈

私は小学校四年生の時に不登校になって以降「私はなぜ今ここにいるのか」ということを数え切れないほど問いかけられてきた。なぜいじめられたのか、なぜ不登校になりひきこもったのか、なぜ東京シューレへ通ったのか、なぜシューレ大学で探求したのか、なぜ私は学校に行かないで生きる道を選び、今を生きているのか——と。

東京シューレに通い始めてから、私は私の体験を積極的に発言するようになった。それは苦痛どころか、話すと気持ちがすっきりしエネルギーが湧いてきた。また何を思い感じたのかを整理する機会にもなった。私が、ここで生きている理由が徐々に分かってきた。

不登校当時、語りたくても語りつくせなかった気持ちを、整理して言葉にできるようになった今、私のひとつの体験ではあるが、子ども時代の気持ちを、不安の渦のなかにいる親や子どもに関わる人たちに伝えたいと思っている。

子どもは親からなにを問いかけられるのか

簡単に私の経験を振り返ると、私は小学校四年生の時にいじめがきっかけで不登校になり、その後、約二年半にわたり家での生活、いわゆる「ひきこもり」生活を送った。その後、東京シューレへ通い、一九歳で新たに設立されたシューレ大学に入学、二〇〇八年三月に大学を修了してからは、三年ほど前から並行していたシューレ出版に専念し、現在に至る。

いじめをきっかけに学校へ行かなくなった私は、ひたすら家にいる生活が続いた。家には父と母がおり、毎日心配しながら一生懸命、私の顔色を気にして付き合ってくれたが、私は孤独だった。親の顔色を見れば、親の混乱する雰囲気をすぐ感じるし、私への対応もまた私の本当の気持ちに向き合ってはくれなかった。

私が学校に行かなかった時、私は「苦しさ」が凝縮された状態だった。それは学校に行かない苦しさであり、様々な「〜しなければならない」ということに答えられない自分の苦しさである。消化できず膨大に蓄積されていた苦しさに加えて、親から注がれる「プレッシャー」によって、さらにストレスがふくれあがっていった。

ここで言う親からのプレッシャーとは、親のショックや心配から生み出される思いである。子どもをなんとかさせようと学校や相談機関へ相談したりすることや、病院や施設へと連れ出したりすること、同じことが繰り返される毎日で感じる、親そのものの不安などである。簡単にいえば無理やり元気にする、学校に戻そうとする行為だ。

親が子どもにプレッシャーをかけることはたくさんあるだろう。しかし、子どもの状態が悪化していった時には、強引に連れ出すことはなくなるだろう。その代わりに親は子どもに対して「問い」を投げ掛けるようになる。その問いには大きく分けて三つの特徴があげられると思う。①「なぜ学校に行かなくなったのか」、②「子どもの気持ちがわからない（知りたい）」、③「このままにしておいてよいのか」である。

一見、子どもへの問いではないように受け止められるが、子どもにとってはこれらの問いは、言葉にされなくてもとてもよく感じてしまう。現に、私はたくさんの集まりで、親からこれらの問いをストレートに受けてきた。上記の問いは、子どもにとってはプレッシャーであり、苦しみでもある。その前提に立って、問いがなぜ子どもへ向かうのかを考え、当の子どもはどう思っているのかについて答えていきたい。

「なぜ学校に行かなくなったのか」という問い

「なぜ学校に行かなくなったのか」という問いは、学校に行かなくなって間もない時期によく聞かれる言葉である。

学校に行かなくなった直後の私は、心身共に疲労し、ひたすら寝ることを繰り返し、朝の登校時間にはお決まりの「胃痛や腹痛」が生じ、学校に行かなければならない不安でもがき苦しんでいた。その後学校の勧めで保健室・図書室に二週間ずつ登校したり、体の不調で病院へ行ったりしたが、結果的に更にエネルギーを消耗させ、疲労が蓄積していった。その後も親は学校とのやり取りが続いたが、私はじたばたしながらも毎日家にいた。親は休ませたほうが良いと判断し、身体的な休息を一時的に得られるようになった。

一方で、親はパニックに近い状態だったようだ。私が学校に行かなくなったことを大いに心配し、学校へ相談したり、担任などと話し合いを繰り返したりしていた。直後の心境については母親が書いた手記にこう綴られている。「『まさかわが子が不登校になるなんて……学校に行かなければ将来、大変なことになるのではないか?』という不安と葛藤が交錯する毎日でした」(『親たちが語る登校拒否』世織書房)。

その頃、親は私の気持ちを聞きだそうとした記憶が残っている。ある時、落ち着いてきた私の様子をうかがい、夕食後、しばらくソファに横になってテレビを見ていた私に両親が心配そうな顔をして近づき、少しずつ私の心の内を知ろうとしたのだ。聞いてきたのは「学校でどんなつらいことがあったの」「どんないじめを受けていたの」「どういうふうにつらいの」「誰がそんなことをやったの」といったことだったと思う。気を使って優しく聞いてきてくれていたが、あまり話したくない気持ちが強かった。まだ混乱していて言葉にしづらい状態にあったからだ。しかし、気づくと思いつくまま断片的に、少しずつ話をしたように思う。その後も、同じように話を聞かれることが何回かあった。

私はその時、不安な顔をしながらも親身になって聞き出そうと意識的に私に向いてくれた姿勢に、少なからずうれしさを感じた。しかし一方で、複雑な気持ちがあった。苦しみの経験は、整理がつくはずもない。そもそも、いじめられたことの傷はどうにもならないし、私の言ったことが学校に伝わり、より状況が複雑にややこしくなるのではないかと不安だったからだ。自分自身がもし学校復帰することになったとしても、いじめの後遺症や違和感は永遠に残り続けるだろうし、変化することはないと思っていた。そう思うと、私の気持ちを親にストレートに開きたいとは思っていなかった。

なぜ気持ちをストレートに開けないのか。その理由には「なぜ学校に行かなくなったのか」という理由を探そうとする意図を感じたからであり「なぜ学校に行け（か）ないのか」から、学校復帰を促す気持ちがそこに感じられたからだと思う。プレッシャーの含んだ問いだということを親から感じとっていたのだ。

親の集会などで質問を受けるのも大概この言葉だ。「子どもが何で学校に行かなくなったのか分からない」「なにが原因で学校に行かないのか」。とにかく原因を探そうとするのである。そこには「なぜなの」「どうしてなの」という切実な思いが感じられるが、この言葉こそ、子どもにとってプレッシャーとなりのし掛かってくるのだ。

「なぜなの」「どうしてなの」という問いは、ほかにもある。例えば、なぜ疲れているのか、なぜイライラしているのか、なぜ朝起きられないのか、なぜ身体の不調があるのか、なぜがんばろうとするのか、なぜ苦しそうにしているのか、なぜ悲しそうにするのか、なぜ緊張しているのか、なぜいじめられているのか……などだ。

なぜ、という問いが即座に上がってくるのに無理はない。親は子どもが学校でどのように傷ついてきたのかその様子をほとんどといっていいほど知らない。だからこそ「学校に行かない」という突然の出来事にショックを覚え、なぜそうなったのかを知ろうとするのだろう。だがすでにその時点で、子どもがいかに追い込まれているかということを分かってくれなければ、子どもを追い詰めるだけである。

親はなぜ、「なぜ」にこだわるのか。そこには、あわい「期待」が込められているのではないかと思う。突然のごとく苦しむ子どもを目の前にしたとき、つい最近まで元気に（見える）登校をしていたわが子とのギャップは大きい。元気な状態がまだはっきりと記憶に残っているから、今すぐ原因を取り除けば再び元に戻るのではないかと思ってしまうのである。これは文科省の推進する「早期発見、早期対処（治療）」と共通している。悪い芽は早いうちに摘み取れば、すぐに学校復帰できるといった書籍もある。そんな発想が、親にも奥深く染み込んでいるのではあるまいか。

であるならば、子どもにとっては悲劇である。親の早ければ学校に戻れるのではというあわい期待を裏切り、さらに「なぜ」と問いかけられるからだ。たとえ子どものためを思い、子どもの気持ちを知りたいと思っていたとしても、子どもにとって「なぜ」は、現状に対してすべて否定的なものとしてしか受け止められないのである。

子どもは親に対して、何を言ってもだめではないかという寂しさやむなしさがある。いくら原因を知り、取り除こうとしても、子どもにとっては「後の祭り」なのだ。限界をはるかに超えて耐えられなくなったからこそ学校に行かなくなったことを、子どもは一番認識している。だからこそ、学校から距離を取らざるを得なかったことを受け入れてほしい。苦しいのは「今」である。今の苦しさに気づいてほしいのだ。

私が不登校直後に望んでいたことはただ一つ「休みたい」だった。体もこころも休みたい、不登校の混乱状態や学校の恐怖から逃れたい、これ以上傷つきたくない、少しでも休める環境に身を置きたかったのだ。しかし限界を超えた苦しみは私を包み込み、簡単に休めない状態にいたことは確かだ。休みたいが休めない、不安定な状態なのである。

「なぜ学校に行かなくなったのか」という問いは、エネルギーを使い切った子どもにとってはプレッシャーであり重圧である。傷口に塩を塗られるほどきつい、責められ、追い込まれの現象であることをまず、知っておいてほしいと思う。

（シューレ大学紀要第5号「学校に行かない親からの問いに反応する」より）

子どもの「分かってほしい」という情熱

そもそも、私自身、親に対して自分を分かってほしいと常に思いつづけていた。私の存在、行かない自分、苦しんでいる自分、怒っている自分、自己否定をしてしまう自分、親の期待に応えられない自分だ。私のことをきちんと見てほしい、つまり私の存在自体や生きることを認め、理解し、受け入れてほしいのである。こういった私の様々な思いをまとめて、私は「分かってほしい」という言葉に集約している。

分かってほしかったことのひとつには、一方的なコミュニケーション＝圧力から子どもを解放してほしいということだ。私の当時表現していた言葉からすると、「学校のプール何百杯ものストレス」があるのであり「苦しい・つまらないを何十万回言っても解消されない」もの「地獄の底の底の底にいるような気分」があった。そして私は、言葉にならない苦しみを身体全体を使って表現しようとしていた。それは毎日、特に母親に近づいて「僕はこんなに苦しいんだ」と言って、畳に足を打ちつけて地団太を踏んだり、幼稚園児に戻ったかのように母親にべたべたと引っ付き、とにかく暇だということをアピールしていた。親以外の猫にも、尻尾を引っ張ったり、首を軽く絞めてみたり、猫が悪さをすると必要以上に怒ってたたいてみたり、眠っている猫を無理に起こして不機嫌にさせたりなどした。

また、父親からの提案でノートに詩を書き綴る作業も行っていた。最初は日記だったが、次第に自分の思いを断片的に吐き出し始めてからは、詩へと変化していった。詩を書くことは、どうしようもない気持ちをそのまま吐き出すことのできる、唯一の手段となっていった。親は、そのノートを見て子どもの気持ちを知ろうとしていたという。

とにかく「分かってほしい」「こんなにも苦しいのに」と言葉にならない思いを訴え続けた出来事をあげればきりがない。決して、苦しい理由、分かってほしい理由は言わなくとも、こんなにも私は身体全体で、日々のなかで、必死に自分の状態を訴え続け、なんとか溢れるストレスを減らそうと努力したのである。

私は「生きていること」「そこ(家)に存在することが認められること」「家での生活の保障」がない限り、苦しさを表出することはできず、私のいのちをも危険にさらされることとなっていた。生きるための最低限の状態を確保するために、私は家にこもりあがいていたのだ。

「その場所に生きていること」の肯定

子どもにとって「分かってほしい」のは、親自身が子どもを追い詰めていることの認識であり、子どものそのままの存在や、その場所（多くは家）に安心していられることの肯定なのだ。そこからようやく、子ども自身が、その思いを表面化させることができるようになっていく。親は、親子で試行錯誤しながら、共に過ごしていくことで、だんだんと子どもの生きることの肯定、さらには、子どもの不登校への肯定に気づいていくのである。

分かってほしいのは、理論としての「不登校の理解」なのではなく、目の前で苦しんでいる子どもから発せられる「分かってほしい」思いを感じ、共に向き合っていくことなのである。そこには、社会にはびこる「学校復帰」や「社会復帰」などの価値観とは違った、人間としての基本的な関係、本来の親子の関係があるのではないだろうか。決して、親自身の人生をひっくり返し、反省し、とらえ直すことができなくとも、子どもの場所を確保し認めることができればいいのだと考えるのである。

（シューレ大学紀要第4号「『わかってほしい』から解き放たれるとき
——不登校から家族の関係を見つめて」より）

「芸術」と「生きる」

山本　菜々子

表現とはなにか。生きるとはなにか。「生きること」と「芸術」とは私にとっては同義語であり、どちらも話す時に切り離しては語ることのできないことだ。だがいつからか「芸術は生きるうえで本当に必要なのだろうか?」と考えるようになる。その疑問は私にとって脅威であり、先行きを不安にさせた。私が絵を描くことや演じること、音楽が好きなことが、もしも無意味だとしたら、一体どうやって毎日を送ることができるだろう。

今あげたことが私にとっては日常で大きく割合を占める事柄だ。もし意味がないというのなら、なにもやることがなくなってしまう。そうか、私はなにか「生きる」ということを甘くみて、本当に生きることをしていないから芸術がなくなることが恐ろしいんじゃないだろうか。私は芸術に依存し、現実と目を合わさすに娯楽に興じているから間違っているんだ。一瞬にしてそういう思いで一杯になり、世界がはいいろになった。

見るものが色を失い、自分が寝起きすることも意味を感じない。朝起きればまた一日が待っていると思うと、まったく起きる気にならない日々が続いた。何もすることがない。

テレビを一日見て外へも出ず、食べて寝た。私は何故生きているんだろうと、そういうことばかり考えては、なんかこのまま生きるくらいだったら死んでしまってもいいかもしれないと思った。今のままでは家の中で木偶の坊でしかない。金も稼がず、家の手伝いもせず、寝て起きてるだけ。だからといって、アルバイトなんか絶対にできないし、しようとも思えない。もしこのままの生活でアルバイトしたら、私は確実に心を失って死ぬ。本当に「生きる」ためだけに食べて寝て、働くしかなくなりそうだった。世間の娯楽では充足しない。やっぱり死にたい。こんなふうに日々を送って「私は役立たず」という自己嫌悪感にさいなまれては、病気で早死にするか事故死しない限り、何十年か生きると思うと、それまでとてももたない。このまま暗闇に溶けて消えることができればどんなに楽なことか！　と思った。明かりを消した自分の部屋の床に頭をつけ、薄く開いた扉から差し込む明かりを見ながら思った。でも私は本当には死にたくない、この場から消えたいだけで本当は生きていたいと、その行き来が繰り返される。思い出すと私はこういう葛藤ばかりを続けてきたように思う。シューレ大学に入って、より自覚するようになった。

私はなぜこのような葛藤を繰り返すのだろう。ただたんに表現が無意味ということだけでは、考えは「死」に至らないと、そう思った。もしも表現が無意味だとしても、私自身が必要だと思えばそれでよいし、ほかに共感できる絵描きやなんかを知ることで勇気づけられることだってある。他人の描いた絵に共感し感動するだけで、表現に意味があると言えるだろう。でもそれを信じることができなかった。芸術そのものが無意味であり、他人が描いた絵を見て救われる人はいないし、なんの影響も与えない。芸術にはなんの力もない。例外的に素晴らしい表現があるとすればそれは芸術の範囲を超えており、説明のできない超能力とでもいうか、生まれ持ったいわゆる「才能」をもった人間の表現だけであると考えていた。そしてその「才能」ある人間は崇高で、私には見えない世界を生まれながらに全てわかっていて、生きることを本当にわかった「釈迦」のような領域にいる。そして私は本当に生きることをわかっていない、愚かな「魂の黒い人間」だった。

「魂が黒い」という感覚は私の中にずっとあり、そう思うきっかけはいろいろある。

七歳の頃、私は小学校に行けなかった。それ以来ずっと学校へは行っていないが、学校へ行けなかったことは当時の私にとって辛い出来事だった。私はほかの子よりもいじわるだから行けないんだ、心が汚れているからだと本当に思っていた。まわりの人間からは「心の病気」だと言われていたので、ますますその思いは確信に変わった。でも、学校へ行かなくなってからそれまでよりもっと絵を描くようになる。その頃は好きなマンガを描き写したり、自分の好きな女の子像を描いたりしていた。泣いている女の子ばかり描いていた覚えがある。小学生で漫画家としてデビューするはずと妄想し、毎日毎日絵を描いた。そこにはみんなを見返そうという思いも強くあった。

働くことと表現というのが、この頃に密接になったと思う。結局、その後も何度もアルバイトするが一年続いたことがない。働くことは生きることの本質を見ることであり、表現もそういうなかで生まれる。もし生まれない場合は本当にやりたいことではなかったのだと、頭の中はそういう考えで一杯だった。そして本物の表現をしている人はそれだけで存在価値があり、働くなんてことをする必要はない。そうしていつのまにか働くことが人間の価値のような説が、私にできあがってしまった。働くことができない人間は絵を描く資格もないし、人間として価値が低い。でも、本当に価値ある人間は働かなくても許されるのだ。私はやらなければならないことができない。そしてやらなくてはならないことができないのに、絵を描きたくなる。どうしてこうなってしまうのだろう、私はわがままだと何度も自分を責めた。私は選ばれていない。だって働けないんだもの。私は人間としての価値が低い。そうこう考えているうちに、絵を描きたいけど描けないということで葛藤して、辛くなっていることをやめたくなった。私は絵を描くことにこだわりすぎて、ほんとは絵なんか描きたくないいんだ。もう描きたいと思うのはやめよう、いくら描きたくても、私には向いていないことなのだと思い、一切自分の中から絵を消し去ろうとして忘れることに努めた。

その後一年間、私は絵を描かなくなる。その間は、憑物から解放されたような気持ちで、絵以外に自分が興味のあった表現をいろいろ試していた。でも、なかなか夢中になってやれることがなく、私はあんまり表現をしたくない人間なのかもしれないと思う。だが、ある時絵を描きたいと思い出し、自覚するきっかけがあった。それは妹との会話からだった。妹も絵が好きで横でずっと描いていてたのだが、その妹が「描きたいから描くのだが自分の描いた絵に自信がない」と泣いていたので話を聞いていた。そのときの話の内容はあまり覚えてないが、私は知らないうちに絵の素晴らしさや楽しさについて話していた。絵を描いている時は自分の感性が開く気がする、そうやって気持ちをこめたものが人に伝わった時にすごく嬉しい、とかそんな内容の話だった。描きたいと思えるのが一番大事だし、自信がないといって描かなくなるのは本当にもったいないと話した。

そう話しているうちに、「私は絵を描きたい」と言って今度は私が泣いて話していた。私は人と絵を通じてつながりたいと思っていたんだと気がついたのだ。そのために本物の表現かどうかは関係ない。私が描きたいから描くんだと思えた。それまでずっと我慢していたとわかり、私はまた絵を描こうと思うのだった。

そしてその三年後、喫茶店で個展を開いたのだが、その時も辛くて仕方なかった。個展を開かせてもらうと決める二か月前、ある人と話しをしていて、その中で「表現なんか意味がない」と言われたことが、相当ショックだったのだ。その人が言うには表現はして良い人とそうでない人がおり、日常をまっとうに暮らしていて、どうしてもしたいと思う人だけがして良いのだという。それ以外の表現はゴミと変わらないと言ったのだ。まっとうというのは自分の暮らしていける位の金は自分で稼ぐということ。その人は私よりも何十歳も年上で、自分の作った料理やいろんなものを友人から買ってもらうことで、自分の生活を成り立たせている人だった。私はその人に必死で「私は絵がなかったら死んでいた」ということを訴えたが、いまいちどういう話をしたか覚えていないほどショックだった。

そのうちに個展の時期が近づき、私は何故だかわからないほど憂鬱になり、個展の最中にはもう絶望的な精神状態に陥っていた。そして、自分の絵に値段をつけるということがあったのだが、それも本当に辛く、ぎりぎりまでなかなか値段をつけることができなかった。絵に値段をつけるということが、私の生命の価値のような気がしたからだ。苦しがる私を見かねたまわりの人間が、「じゃあ○○円くらいでいいんじゃない」と案を出してくれるのだが、その人たちにとっての私の生命の価値を聞いている気がしてさらに辛かった。

そして個展が終わる日が近づくと、さらに状態はひどくなった。個展を終えるということは、それがどういうことだったか清算する日でもあったからだ。人やお客さんの反応がどうだったのか、お店の人は展示期間どんなことを思ったのか、お店の人から話を聞くことが怖くてたまらなかった。話によっては私が生きている意味がなくなってしまうかもしれない。私はそこから逃れるためならなんでもしたい気持ちになっていて、最終日を妹や友人たちに任せて、京都へ瞑想に行こうと手続きをしたほどだった。

私はずっと自分の命の価値を問われつづけてきた。それも、自分が問うているのではなく他人が査定してくる。そしてその評価の対象はいつも絵だったのだと思う。働けないことだけでは死にたくならなかった。私の絵の価値がかかっていたから、必死に成り立たせようとして働くことも頑張ったのだ。絵とは私自身で、私の生命の一片のようなものだから、絵の価値は私の存在価値を問われているのと同義なのだ。

私の絵に対する姿勢は、その時の人とのコミュニケーションのとり方と重なる。昔は人に好かれたくて好かれたくて、どんな形でも良いから誰か側にいてほしかった。少しくらい私を偽ってもその人が私を好きだと言ってくれるなら着たくない洋服も着たし、嫌いな音楽も好きだと思った。絵も全くそうで、自分の描きたくないものでもかっこいいと言ってくれるならなんでもした。私の絵を好きだといってくれる状態を持続させたくて、描きたくない絵の練習をした（描きたくないから練習しないと描けない）。

絵を描くことが上手くいっていると、身のまわりにある全てのいろんなものが欲しくなくなる。服も、人も、お金も、私自身すらいらないという感覚になる。なにもかもが漠然としてとても安心する。絵を描くことが気持ちよくて、生きてるだけでいいやと思えてしまう。不安や苦しさも絵に変えることができると、苦しんでいてもいいやと思えるし、そうして葛藤しながらしか生きていけない。私がやりたいことしかやっていけないと感じる。普段人間はいろんな鎧や、他人が己の事の本質にたどり着けないようにいろんな迷路や仕組みを用意して生きている。それは一概に悲しいことだとはいえず、自分を守ったり平静で他者とコミュニケーションするために必要な手段でもある。なぜなら己の事の本質はやわらかくて、傷ついたらなかなか取り戻せない部分だからだ。表現する場合には、そういう部分を反映させざるを得ない。私の場合は、だからこそやる意味があるともいえる。いくら普段の生活でいろんなものを押し殺しても、絵を描くときだけは押し殺せない。それは私が正気を取り戻す瞬間でもある。私が生まれてきた初心を思い出す行為のような気がするからだ。そういう根源的な欲求をずっと押さえつけられ、押さえつけてきた。そうすると死ぬことしか考えられなくなってしまう。私ははじめから死にたいと思っていたわけではなく、生きたいように生きられないことが重なって死にたくなっていたのだ。でも、もしその押さえつけがなくなる時があると、とても味わい難い充足感に満たされる。私は生きているだけで充分に生命なのだ。

時代が変われば価値観も変わり、理不尽な価値づけをくり返す。本当は物事に上下なんかなく、漠然としている。生きることと芸術は私にとって同時並行でシンクロしながら進んでいくもので、やはり切り離すことができない。表現を否定することは私自身の生を否定することで、実は「芸術」を否定していたのではなく、自分自身の生命を否定していたのだと気がついた。

絵を描くことは自分自身と向き合うことであるが、同時に他者と向き合うことでもある。自分や他者と向き合うということは世界と向き合うということであり、絵を描いているだけで世界とつながってしまうのだ。そして世界は宇宙で、とどんどん思いは広がっていって、私は生まれた時も、今も、孤立していなかったんだなあと気がつく。この安心感は生きるうえで必須だし、それは芸術が生きるうえで必須だということじゃないかと考える。

（シューレ大学紀要第3号「芸術と生きる」より）

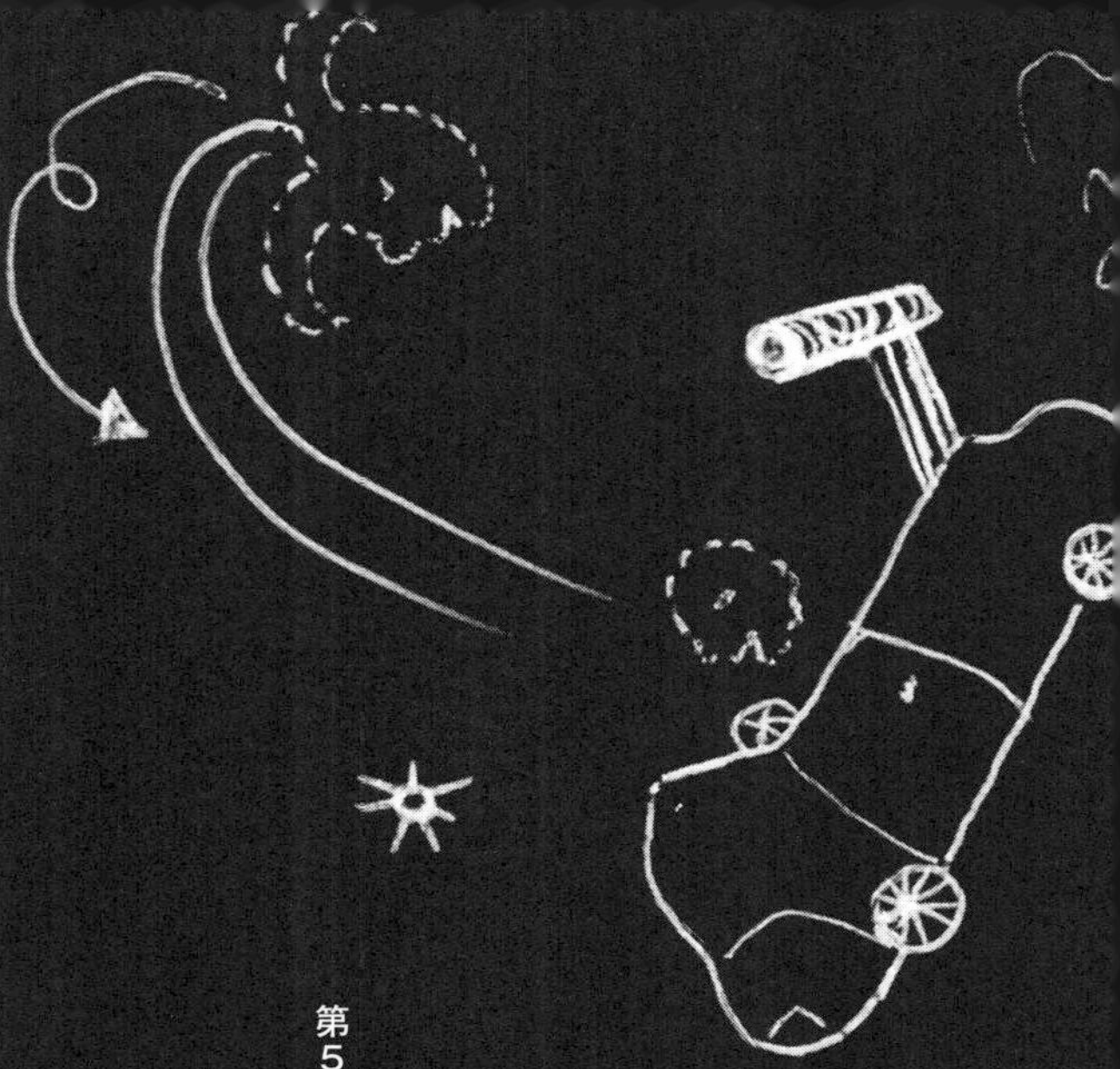

第5章

私からはじまる表現

長井 岳

僕たちはなぜ表現するのだろうか。昨日、テレビの芸術番組を見ていたら、コメンテーターが「人は食べ物と水があれば生きていけますが、アートがなければ人として生きていけないと思います」と言っていた。それに対して別の誰かが「そうですね、芸術は魂の食べ物ですね」と応じていた。芸術が魂の食べ物であるのなら、それは魂が生きるために必要であろう。たしかに魂がなければ人としては生きられないかもしれない。しかし、既存の表現に触れるだけに飽きたらず、人は時に何かを表現したくなる。じゃあ、なぜ芸術を、表現を行うのであろうか。誰かの魂に食べさせるために表現をするのだろうか？

まずは、僕自身の話をさせてほしい。

シューレ大学に入る前の僕は、小説を書いて生きていきたいと思っていた。

中学校で不登校を経験し、その後、なんとか頑張り抜いて一般の大学に入学したが、「きちんと通いたい」という思いとは裏腹に大学にはほとんど行けず、アルバイトの毎日となっていた。

その頃は、お金が必要なのと社会との関わりを求めて、かろうじてアルバイトには行くが、どんなにその場に慣れても、中学校以来持ち続けていた人への怖さが存在し、毎日へとへとに疲れ切っていた。そこで考えていたのは、小説家になることだった。毎日人に会わないですむし、休みたい時に休めるからだいぶ楽になるのではないか。僕の書く小説が人に認められて、芥川賞やせめて群像新人賞などに入選して小説家としてデビューできたらいいのに、と夢想していた。小説を完成させようとルーズリーフに書いた文章とにらみ合っている時や何本かの短い小説を完成させた時、日常のわずらわしさから解き放たれて、どこかに向かって自分が開かれていることを感じていた。

人が表現をしようという時、まず理由になるのが、その人自身の切実さではないか。ここにある気持ちを表現したい。誰にも話せないこの思いを何かに託したい。そうやって動き出さなければ日常を生き抜くことは困難かもしれない。シューレ大学においても、そのように表現を始める人は少なくない。ある時は写真に託したり、歌ったり、ピアノを弾いたり、絵を描いたりする学生がそこかしこにいる。

自分の切実な気持ちを表現することを自分ひとりで行うのは、それほどはむずかしくはないかもしれない。現に僕はシューレ大学に入る前から行ってきたし、世の中にも表現を行う人は大勢いる。インターネット上には自分の思いを綴ったネット詩人が、星の数ほどいる。だけど、そのような「切実な表現」を人と一緒にできるとは僕は思っていなかった。

やりたいという気持ちはあったと思う。しかしそれよりも何よりも「怖い」という気持ちが、あまりにも大きく存在した。当然のことである。日常のなかで自分の正直な思いを人に伝えることが困難だから、抑えるのだ。その抑えた気持ちを吐き出すことがぼくにとっての「表現」だったのだから、人と一緒にやろうとしたら、抑えざるを得ない気持ち、恐怖感と向き合わざるを得なくなる。人と一緒に表現をしている人たちに憧れはあっても、そんなことが自分にできるとはとても思えなかった。

そんな気持ちを抱いていたある日、僕は、ほとんど通わなかった一般の大学を辞め、シューレ大学に入った。シューレ大学は学びの場であると同時に、表現の場でもあった。そして、シューレ大学には人と一緒に表現を行う「プロジェクト」があった。そんな恐ろしいことをいったいどのように行っているのか、とシューレ大学に入った頃の僕は思っていた。

僕がシューレ大学に入った頃、映像、演劇、音楽、ソーラーと現在四つあるプロジェクトは今ほどは活発ではなく、実際に活動していたのはソーラーのみであった。僕はこれまでにその四つのプロジェクトすべてにそれなりに深く関わってきた。一人ひとりの存在が互いに強い影響を与え合うシューレ大学において、プロジェクトの軌跡は、僕自身の表現の軌跡と密接な関係を持っている。この章では、シューレ大学において僕がどのように表現をしてきたのか、また、プロジェクトに関わってきたのかを紹介することをとおして、シューレ大学における表現の在りようを伝えたい。

足下からの表現

・絵を描くこと

シューレ大学に入った頃、僕は絵を描いていた。絵とはいっても、水彩や油絵ではなくクレヨン画である。クレヨンで裏白の紙に風景画や自己の内面から湧いてくるイメージを描いては、大学の壁に貼っていた。

僕の絵は、決して上手ではない。また、「ヘタウマ」ですらない。僕が得た最高の公的な評価は、小学校三年生で吊り縄を登る自分を水彩で描いた時の「努力賞」である。その僕がどうしてクレヨン画を描いていたのか。それは、孤独だったからである。新しい場に入って新しい人間関係になると、どうしても孤独になる。たわいもない会話ができない。ちょっとした笑顔のやりとりや、他愛のないスキンシップができない。そして僕は苦しさを抱えていた。苦しさは孤独をより強大にしていた。

苦しさや孤独を抱えたまま人の間にいると、孤独はよりつのるし、ますます自然に話せなくなるし、人や自分を嫌いになってしまいそうになる。そんな時、僕は外の公園や、道端に行って絵を描いていた。クレヨンを手にしたのは、手軽であったことと、たぶん、クレヨンを手にしていた幼稚園やそれ以前は、絵を描くことにそんなに傷ついていないこともあったかも知れない。うまくないことをやることは恥である、という日本男児の誇り（厄介なものだ）もきちんと持ち合わせていたが、シューレ大学に入ることを決めたとき、「自分のあらゆる可能性を試したい」とも思っていたこともあり、エイヤッ、とばかりに描いていた。

僕は、紙に乗せるクレヨンの一つひとつの色に自分の気持ちを込めた。そうすることで少しは楽になり、持て余した時間をつぶすことができた。そして自分でも驚くような絵を何枚か描くこともできた。決して上手とは言えない絵を大学内に貼るのは、自分の存在を、みんなに知ってほしかったのだろうと思う。その甲斐もあってか、時々、誰かが僕にコメントをくれた。それは「上手い、下手」という、どこかから持ってきた価値基準ではなく、その人自身の感覚に基づいた感想だった。そのおかげで僕は描きたいと思う間、描きたい絵を描き続けることができた。

・声を出すこと

歌うことはもともと好きだった。友人と一緒にカラオケに行くことはとても好きだったし、バイクに乗っていた頃、エンジンのリズムや風切り音に乗せて歌を歌うことが、僕の「コンサート」だった。

バイクに乗りながら歌うため、好きな曲の歌詞はほとんどを暗誦した。その頃歌っていた歌を今でもそらで歌うことができる。でも、歌うのは好きでも劣等感があった。

カラオケに行くと、時々とてつもなく上手い人がいて、低音から高音までよくとおり、音程は外さず、歌手の二番煎じでもなく、独自に歌いこなした。僕や誰かが歌っていると、きれいにハモってくれて気持ちよかった。そして、女の子からの評価はとても高いように見えた。

僕はそういった人たちに比べると格段に下手だった。好きな歌を歌おうとしても高い音が出ない。調子に乗って歌っていると、あっという間に声が枯れてしまうし、それを気にしてカラオケの音程を下げて歌おうとしても、音程がうまく取れず、かえってひどい結果になった。

声が小さい劣等感もあった。中学生時代、僕はバスケットボール部のキャプテンで、その立場上、練習開始時と終了後に体育館にみんなを整列させて「おはようございます」や「ありがとうございます」を真っ先に言う必要があった。しかも女子よりも男子が先に言う慣例だったと思う。男尊女卑である。部長の僕が挨拶すると、続けてほかのメンバーが挨拶をするのだ。しん、と冷たく静まり返った体育館の空気を自分の一声で壊さなければならない一瞬、僕はひどく緊張した。特に「おはようございます」の「お」が出にくかった気がする。うまくあいさつができなくて、口のなかで「もごもご」となることも多かった。部活のメンバーの視線を強く意識していた。

中学校は、僕が不登校した場所である。不登校をせざるを得ないぐらい学校からの圧力がアーリー・ティーネージャーの僕の双肩にかかっていたのだ。その頃とにかく毎日緊張していた。緊張して力が入ると声帯が閉まり、より声が出にくくなる。でも、当時は「自分の声は小さい」と思っていた。部長としての威厳が不足しているとも思っていた。

その後、大学進学と同時に東京に移った後も、混んでいる電車から降りたい時や、回転寿司で好きな鯖や鰯などを注文する時にも「声の小さい自分」を意識していた。声が小さいから人に聞こえるように、大きく声を出さなくてはいけない。だけど、元気がなかったり自信がない時は、大きい声なんて出せない。いきおい、口をつぐんで我慢するか、声を出さないで無理やり押しのけるように電車から降りていた。

そんな背景を持つ僕は、入学後、少し過ぎてボイストレーニングを始めた。ピアノに合わせて声の音程を上下することや腹式呼吸の感覚をつかもうとすること、声が出しやすい曲を選び自分の声を感じつつ歌うことなど、どれも新鮮な体験で面白かった。

トレーニングを始めて一か月過ぎると、自分の声が変わっていくことを感じた。腹式呼吸の感じもつかみ始めて、憧れてやまなかった「腹から声を出す」ことも、意識すればできるようになった。音域も、日々広がっていった。歌うことに関しての感覚も変化した。下手かもしれないけれど、僕なりに歌の特徴をつかみながら歌おうとすることができるようになった。歌うことを手に入れていくと、歌う曲も変化した。以前は、絶えず言葉を発するような忙しい曲の方が歌いやすいように思っていたけれど、自分の声を出す楽しさを発見すると、むしろ、童謡や昔の歌謡曲など、ゆっくりと言葉の響きを感じながら歌う方が楽しかった。

そして「声が小さい」という劣等感は小さくなった。電車の中ではおなかにちょっと力を入れて「すいません」と発すると、そんなに大きな声を出そうとしなくてもホームへと続く道が開かれた。居酒屋では、遠くの店員も振り向いた。そして、シューレ大学で自分の歌を発表しようかとも思うようになった。

演劇プロジェクト——得られた肯定感

・踊りたい!!　歌いたい!!　演じたい!!

シューレ大学に入って、ちょうど一年経った頃、僕は運営会議にて「ミュージカルプロジェクト」の立ち上げを提案した。現在の演劇プロジェクトの前身である。これは当時の僕にとって大それたことだった。提案するのはいいが、果たしてメンバーは集まるのだろうか。みんなにどう思われるのだろうか。そもそも続けることができるのだろうか。いろんな不安がありつつも、一年間シューレ大学で過ごして、講座やプロジェクトをとおして解放された経験から「それでもできるのではないか」と僕は思っていた。スタッフとも話して、丁寧に準備をしていった。その時、ほかの学生を誘うためにこんな文章を書いた。

「踊りたい!! 歌いたい!! 演じたい!! そんな思いによって生まれたプロジェクトです。自分が気持ち良くなろうとする時、体を動かすのはとても自然なことじゃないか。声を出すのはとても自然なことじゃないか。誰かの真似をしたことってないかね? 役者、演出を始め、舞台美術、衣装、メイク、音楽等々、僕も君も誰でもどんな形ででも参加できる総合芸術、ミュージカル。それらが調和した瞬間には恐ろしいほどの快感が全身を突き抜けるのではないかなぁ。自分たちがやっていて、手ごたえのある作品。演じているうちに自分自身が見えてくるような役。なにより、この人生の一時期を放り投げられるような魅力のある作品をやりたい」

さらに、こんな文章も書いた。

「昨日は久しぶりに誰にも会わないで一日を過ごした。買物をして洗濯をする。コインランドリーでビールを飲みながら、乾燥機でくるくる回っている洗濯物を待っていると、突然、悲しくなった。僕は傷ついている。けっこうハッピーに過ごしているはずなのに、毎日の生活はどこか僕を傷つけている。

苦しくなる前に、苦しくなる前に、傷が僕を覆ってしまう前に、この痛みを吐き出してしまいたい。この手やこの足やこの声、あらゆる僕を使って、僕を侵す毒を消し去ってしまいたい。できれば、誰も傷つけない形で。できれば、僕を傷つけない形で。できれば僕や人をハッピーにする形で。だからミュージカルをやろうと思った。だけど、もちろんそれだけじゃない。僕のなかは苦しさだけでできているわけじゃない。僕自身を面白くするものも僕のなかにはあって、いつもいつもせめぎあっている。

次の瞬間、どこに向かって足を踏み出せばいいのだろう？　やっぱり、僕を面白くしてくれそうな方向に光を当てていきたい。歌うこと、踊ること、演じること、僕が僕であること。ミュージカルは僕を面白くしてくれそうな気がする。僕から、傷や苦しみを含めたいろんなものを持っていって、そして、もっと面白いものにして僕に返してくれそうな気がする。いろんな人と一緒につくっていくのもいい。僕はミュージカルをとおして、また人とつながって、深まっていくのだろうな」

この二つの文章には、この頃の僕の表現への肯定感が非常に明快に表れている。「人生の一時期を放り投げられる」くらいに自分自身を費やせるものが僕にとっての表現であり、自分にある「傷や苦しさ」を「もっと面白そうなもの」に変えることができ、また、「人や自分をハッピーにする」形にでき得るものなのである。そしてそのような表現を人と一緒にやりたい、できる、と感じているからこそ「僕も君も誰でもどんな形ででも参加できる総合芸術、ミュージカル」プロジェクトの提案という大風呂敷を広げられたのだ。

シューレ大学での一年間は、僕自身のいろいろな「傷や苦しさ」を解体していった。一番大きなものは不登校だった。「不登校した自分は弱い」という圧倒的な劣等感を「学歴社会・不登校」という講座やスタッフとのテュートリアルで解体していった。「僕は弱くはないかもしれない。強くなろうとしなくてもいいかもしれない。僕のありたいようにあってもいいのかもしれない」。そのように自然に思えるようになっていた。絵を描くことやボイストレーニングは、表現への劣等感を確実に柔らかくしていったし、強固に存在した「人への怖さ」はソーラーカープロジェクトの経験によって、自分の手に納まるくらいの小ささになった。たった一年だけれども、それこそ一〇年分ぐらいの濃密さだった。不登校をして、中学校を卒業してから一〇年、あの時に凍りついた時計が、再び時を刻み始めたのだ。

・最初の演劇　どのように演じればいいのか

提案したのはいいけれども、何を隠そう、僕はミュージカルはもとより、演劇も全くの初心者だった。小学校の学芸会で『幸福の王子』のつばめの役や、子どもの星から来た子どもの役を少しやった程度であった。だから、到底できるとは思えない。でもなんでもやる気はある。スタッフと相談し、とりあえずミュージカル映画や実際の舞台を観ることから始めた。観て学び、そして一緒にミュージカルをつくるメンバーを誘い込もうという狙いがあった。

それが功を奏して演劇プロジェクトに新しいメンバーが入ってきた。そして、ミーティングで話し合いながら、自分たちで演劇をつくることを始めることになった。最初はまだメンバーが少ないこともあり、四人の役者がいればできる『赤鬼』（野田秀樹・作）の脚本の読み合わせをするところから始めた。誰がどの役をやるか相談し、僕はタイトルにある「赤鬼」役を選んだ。

実は『赤鬼』の制作期間の半分以上を読み合わせと戯曲の読み込みに費やしている。演劇をどのようにつくっていいかわからないところもあったが、読み合わせや読み込みが非常に刺激的だったということは大きい。読み合わせは毎回本気だった。どんどん読んでいくと台詞も入ってくるので、自然と相手と視線を交わしながら読めるようになった。

読み込みが、これまた細かかった。ここの「はい」はどういう意味なんだろう。この時、この人はどんなことを考えているんだろう。この人はどんなつもりでこんなことを言ったのだろう。舞台となっている社会はどういう社会なのだろう。そういった疑問に対して、それぞれに意見を言い合った。言い合うとますます発見があり、『赤鬼』の世界が見えてきた。

だけど、なんの苦労もなくできたわけではない。

演劇のプロの方に演劇のワークショップを開いていただいた時だ。そこで「エチュード」をやることになった。エチュードとは、役や設定を大ざっぱに決めたのみで、セリフや動きは即興で演じる稽古法のことである。僕は、怖さを持ちながらも「なんでも体験したい」という思いからエチュードに挑戦したが、なかなかうまくできない僕に比べて、ほかの人はきちんとできているように見えた。僕はなんてダメなんだろうと感じた。

この時に感じたのは「僕には演技は向いていないのではないか」という不安である。それは、実際の稽古が始まると大きくなった。

僕がぶつかった大きな壁は、この世ならざる言葉を話す赤鬼をいったいどのように演じればいいのかわからない、ということである。赤鬼の言葉は、最初こそカッコ内に日本語で書かれていたが、たいていが「@@@」アットマークの羅列だった。セリフをどう読めばいいのかわからなかった。セリフがわからないから「赤鬼」がどのような人物なのかまるで見えてこなかった。そんな僕を尻目に、ほかのメンバーは順調に役をつくっているかのように見えた。彼らには演技の才能があるけれども、僕には才能がないのではないか。そんなふうに思い、常に何か自分がまずいような気がした。

・演技を自分に引きつける

演劇をつくるのは、本当にいろんなことを考えて決めていく必要がある。衣装はどうするのか、美術は、照明は、このシーンでは役者はどのように動くのか。それらを意見を出し合い、話し合って決めていくのだが、「どうせ僕なんて」という気持ちから、意見が言いづらくなった。それは、「わかってくれない」と、ほかのメンバーへの不満にもなった。

だけど、そうなると苦しい。やりたくてやった演劇なのに、どうして苦しいのか。スタッフとのテュートリアルで「自分には演劇の才能がない。才能のない僕には演劇をやる資格がない」と思っていることを発見した。じゃあどうするのか。やり取りのなかで、自分自身の「演劇をやりたい」という原点にもう一度触れることができた。僕は演劇がやりたい。やりたい僕がやろうとするときに、才能は関係ない。僕に才能があったら、それは便利かもしれないけど、それでも何もしないで演技ができるわけでもない。才能がないとしたら、ちょっと不便かもしれないけど、それでも、自分なりにやっていくしかない。

自分なりに役をつくっていくなかで、赤鬼という役がとてもむずかしい役だということを認識した。赤鬼をどう自分に引きつけるのか。それは、それこそ、僕の人生をかけてできることだった。赤鬼は鬼と呼ばれているが、人だ。どのような人で、どこで生まれ、どこで過ごし、どのように生きてきたのか。赤鬼という見知らぬ隣人を構築する作業が始まった。赤鬼をつくるには、僕の、決して長いとは言えない人生のなかから材料を引っぱり出してくるしかない。見知らぬ土地で孤独を感じたことはなかっただろうか。「鬼」として扱われて怒りを感じたことはなかったか。僕の人生にはないこともあった。それは想像するしかなかった。それと同時に、赤鬼の言葉をつくりだし、その言葉を使ってセリフを話すことにした。アットマークのわけのわからない文字が、わけのわかる自分の言葉へと変わっていった。

稽古に集中できるようになってくると、なるほど面白い。読み込んだことが生きてくる。演じながら舞台の上でほかの役者とコミュニケーションすると、その場で生きているような感覚があった。

役以外のことにも意識が回るようになった。話し合いで小豆を箱に入れて転がし波の音をつくったり、生の切花をクライマックスシーンで大量に使ったり、衣装はシンプルなものにしていったりすることが決まっていった。

そうこうするうちに本番を迎えた。シューレ大学公開イベントにて、シンポジウムや映像上映や講演などが行なわれる演目のひとつとして公演した。

本番は始まってしまうとあっという間だった。一つひとつのシーンが目まぐるしく過ぎていった。ふと、お客さんたちが僕の予想をつかないところで反応していることを感じた。笑っていたり、シーンと静まっていたり。稽古の時は、演じる僕たちの間でのコミュニケーションが大事だと思っていたし、そのようにやってきた。でも、演劇を舞台で演じることとは、舞台に立っている僕たちだけではなく、見ている人々との生のコミュニケーションだったことが新鮮な経験だった。舞台に乗っているのは、赤鬼である。その赤鬼は、僕の人生を使って作られている。お客さんたちの反応から、まるで、僕自身の人生が肯定されているかのように感じた。

この演劇は、演じている時の感触以上に大好評であった。カーテンコールは拍手が鳴りやまず、上演直後に顔を合わせたほとんどの人に笑顔で感想をもらった。シューレ大学を辞めようと思っていたある学生は、この演劇を見て、「シューレ大学でもう一度やり直したい」と思ったという。全力を使ってやり切った満足感が僕の全身を満たしていた。

演劇プロジェクト初公演『赤鬼』において僕は、プロジェクトを始める時に思った「表現をとおして人や自分をハッピーにしたい」ということを正に実感した。それは想像以上の体験だった。

・他者に自分をさらけ出す

僕の表現とは、日常に抑え込まれた、いわば、「他人にとって都合の悪い」ものの集大成であった。それまで、その「都合の悪い」ものを他者にぶつけるとき、相手に困った顔をされることが少なくなかった。ある時、アルバイトでいやなことがあって眠れない午前一時、救いを求めて昔の友だちに電話を掛けまくったことがある。電話をして相手が出ると多少は安心するのだが、少ない言葉のやり取りから、僕のそのような苦しさは相手にとって迷惑であるように感じた。今思うと、彼らには彼らの事情があるのだが、当時の僕は、そのような苦しさを持つ自分こそがまずいのだと思っていた。親しい友人に対してでさえそうなのだから、もっと距離の遠い人たちには見せられるはずもない。

役者として舞台の上で演じるということは、「お見せできない」自分自身をも他者にさらけだすことである。演劇を一緒につくる人たちのなかで、僕はさらけ出さざるを得なかった。彼らは、僕の「表現の劣等感」やいろんなものを含めて、僕と一緒に演劇をつくることを受け入れてくれた。そして、舞台に立った時、「お見せできない」部分も含めて、観客にさらけ出したとき、そんな僕の姿を観客は、いやがるというよりもむしろ喜んでくれた。日常で抑えざるを得ない、劣等感や、傷や、どす黒い感情を表現として舞台に乗せると、むしろ、それこそ「人や自分をハッピーにする」ものであったのだ。これが『赤鬼』で僕が得た、とても大きな肯定感だと思う。

その後、ミュージカルプロジェクトは、舞台美術家の杉山至さんの「そもそも演劇はなんでもありなんだ。ミュージカルだって、アメリカ人がオペラを自分たちに引きつけようとするところから生まれてきたんだ」という言葉を受けて、僕たちのつくりたい舞台芸術、演劇をつくろう、ということで「なんでもありの演劇プロジェクト」、通称「なんあり企画」とした。そこには、演劇をつくっていくことに困難はつきものであるということで「難あり」の意味も込めた。

また、演劇のつくり方を学ぶ一〇週間連続ワークショップ、シナリオワークショップなどをプロにお願いした。自分たちでも、公開イベントでの公演のみならず、東京シューレ二〇周年祭や、ＩＤＥＣ世界フリースクール大会や、ロシアの映画学校での公演、シューレ大学を劇場としての公演などを行ってきた。僕は初めのころは役者をやることが多かったが、最近は照明や舞台づくりなどの裏方や、演出などを行う機会が増えている。演劇を始めた頃は思いもよらないほど、僕自身、できることが増えていることは確かである。

ソーラーカープロジェクト

シューレ大学に入った頃、僕は「人と表現するなんて、できるとは思えない」と思っていた。その僕が「いろんな人と一緒にやりたい」とミュージカルプロジェクトを提案するのは、非常に大きな変化だった。その変化の大きな部分は、前年にほぼ一年かけて関わった、ソーラーカープロジェクトで起こった出来事が理由だった。

表現をテーマとしたこの章において「ソーラーカー」とは意外と思われる方も多いと思う。ソーラーカーとは、太陽パネルで発電した電力で走る車のことであり、その車で国際レースに参加するのがこのプロジェクトである。一見、「表現」とは遠く離れているようにも思える。しかし僕は、このプロジェクトに機械工学的な関心よりも、むしろ、現在行なっている表現活動につながるような動機から参加していたのである。

・「公開イベント」の出合いから

僕が初めてシューレ大学に触れ、ソーラーカープロジェクトに出合ったのは、「第一回シューレ大学公開イベント」でのことだ。知り合いからチラシをもらってふらっと出かけたイベントの壇上で、学生たちがピアノ演奏、コマ撮りで制作したアニメーションの上映、不登校研究の発表などをしていた。そこに、ソーラーカープロジェクトの紹介をしている学生がいた。赤ちゃんの手足を伸ばしたぐらいの大きさの真っ赤なソーラーカーの模型を手に、自分たちの力でソーラーカーをつくり、鈴鹿サーキットで行なわれる国際ソーラーカーレースに参加する。そして、その手伝ってくれる人を募集していると言っていた。

衝撃的だった。シューレ大学は東京シューレが母体ということもあり、不登校経験者がほとんどだと想像していた。僕と同じように、不登校を経験している「弱い」はずの人間が、そんな大きなことをやってもいいのか。やりたいと言ってしまっていいのか。できるとは思えない。できなかったらどうするんだろう。でも、できてしまうかもしれない。僕は彼に心惹かれていた。できないかもしれないけれど、やってみたい。人と一緒に、何か大きなこと、自分だけではできないと思うことをやってみたい。

その公開イベント直後に、僕は彼がやろうとしているソーラーカープロジェクトに参加したいことと、自分自身の苦しさや不登校の劣等感を解体したい思いから、当時在籍していた一般大学を辞め、シューレ大学の門を叩いた。

僕は、イベントでのプレゼンテーションの印象から、相当多くのメンバーがいるのではないかと思っていた。ドライバーからメカニックから雑用から、いろいろ揃っているに違いない。そこに僕の入る余地はあるだろうか。先にいるメンバーとのコミュニケーションはうまくいくのだろうか。そんな気持ちを抱えミーティングに参加した。

参加してびっくりしたことは、ミーティングには学生・スタッフ合わせて、たったの四人しかいなかったことである。だけど、人数が少ないことは、当時、人が怖くてたまらなかった僕にとって願ったりかなったりではあった。

様々な講座に出たり活動をする傍ら、僕はソーラーカープロジェクトに参加し始めた。ミーティングでは、資金をどうするか、モーターをどうするか、作業場はどこにするのか、工具や機械を買うのか借りるのか、そして、それぞれがどのような気持ちでプロジェクトに参加するのかなど、あらゆることを話し合って決めた。

この頃の僕は、コミュニケーションに関して様々な不自由さを抱えていた。アルバイトや学校での経験から、プロジェクトリーダーの意見が誰よりも優先されると思っていた。僕は手伝いであり、新入りである。シューレ大学では、どの人の意見も――

新入生だろうが、古くからいようが、スタッフだろうが、学生だろうが――尊重されると、パンフレットには書いてある。だが、そう書いてあっても、またスタッフがそう言っても簡単には信じられない。これまでの経験から、僕はコミュニケーションというものは、合わせるか合わせられるかだと思っていたからだ。力の弱いものは強いものに合わせなくてはいけない。自分が合わせなくてはいけない立場の時に、よけいなことを言ったら大変なことになる。実際、ひどい目に遭ったことも何度もあった。

ソーラーカープロジェクトのメンバーは、それまでのアルバイトなどで出会った人々と比べると、はるかに紳士的だった。それでも僕は怖さを抱いていた。彼らは僕をどう思っているのだろう。もしかすると悪く思っているのではないかと緊張感を常に抱いていた。それでもできる限りのことは言って、そしていろんなことが決まって進んでいった。

始めに話した大きなことは、プロジェクトのコンセプトづくりである。僕たちはどうしたいのか。どのように車をつくり、どのようにレースに出たいのか。話し合いの末「できるだけ自分たちの手で納得が行くようにつくり、できるだけ四時間完走を目指して上位を狙う」となった。このコンセプトにも、僕たちのプロジェクトが純粋な工学的な追求――いかに速い、効率のよい車をつくるか――ではなく、車をつくる自分たちの納得を重視していることが現われている。
その後も、車の骨組みを自分たちで加工できる鉄フレームにするのか、重量において優れるアルミフレームにするのか。ソーラーパネルはどのメーカーか、デザインをどうするかなどの課題があった。しかし、なかなか自分の意見を率直に伝えるわけでもなく、メンバーへの緊張感は拭えなかった。

・自分の思いを率直に言うこと

しかし、レースを数か月後に控えたゴールデンウィークの最終日、そんなことを言っていられない状況が訪れた。ある時、プロジェクトリーダーがインフルエンザにかかり、ゴールデンウィークの数日間を使って行う大事な作業に出て来られない事態が生じたのだ。

僕は彼の分まで一生懸命作業をした。ところが、作業の最終日、彼は涼しい顔で現われた。インフルエンザにかかって寝込んでいるはずだったのに、おばあちゃんの家に行っていたと言う。彼が来たこと自体は喜ぶべきことだけれども、僕らがなんとか車の骨組みを完成させたことに対して、何のねぎらいも気遣いもないことを感じて、とても苦しい気持ちになった。帰り道、「彼はプロジェクトを辞めたほうがいいのではないか」と僕はスタッフにこぼした。しかし、家に帰るとその刃は自分自身へとぐさりと突き刺さった。「ソーラーカープロジェクトの発案者は彼である。むしろ僕がプロジェクトを辞めるべきじゃないのか」。彼に会えない。会っても普通の顔でいられない気がする。シューレ大学も辞めるしかないのだろうか——。

スタッフが話し合いの機会を持った。僕は怖さを感じながらも、「どうせ辞めるのなら」と、率直な思いを口にした。リーダーの彼も話した。話してみると、彼は僕を軽く思っていたわけではなかった。ただ、作業に出られなくて、僕らにいろいろ作業をしてもらっていることに申し訳なさがあったとのことだった。僕の思いは想像するよりもきちんと受け止められた。

僕がソーラーカープロジェクトを思い出す時に真っ先に浮かぶのは、ソーラーカーレース本番や車の制作そのものよりも、このような「怖いけれども、率直に自分の思いを伝えることでしか前に進めない」という場面である。自分の思いを素直に言うことは、時にとても恐ろしい。それが自分にとって大事なことであればなおさらである。それでも勇気を持って言ったとする。しかし、相手に受け取られなかったら辛くなる。相手にも率直に言われなかったらやっぱり辛くなる。だけど、率直にお互いに意見を言い合えれば、プロジェクトの風通しや雰囲気が良くなる。

細かい話し合いを何度も経て、僕の動きは確実に軽くなった。レースが近づいて作業が佳境を迎えると、朝早く大学に来て、終電まで作業を続けることが多くなっても、まるで苦にならなかった。むしろ日々をソーラーカー製作に費やすなかで、エネルギーをぐんぐんと得ているような感覚を持った。

・僕にも何かできるのかもしれない

大会当日、僕たちのつくったソーラーカーは、鈴鹿サーキットの四時間耐久レースを完走した。僕たちの出会ったレース経験者のほとんどは、口を揃えて「初参加で鈴鹿を完走するのは無理だよ」と言っていた。それを大きく裏切る、奇跡的な結果だった。互いに率直に言い合える空気をつくり合えたことは、自分たちの力を最大限まで引き出せたということで大きいだろう。

また、ソーラーカープロジェクトにおいて欠かせないのが、押し付けがましくない、それでいて、きちんと言うべきことは言ってもらえる、プロフェッショナルたちの存在である。京セラで世界三位の車をつくった遠く浜松から二度もアドバイスに来てくれたエンジニア、ホンダのデザイナーなど、その道のプロたちが惜しげもなく技術や時間を使い、僕たちの素朴な質問に対して、丁寧に情熱的に答えてくれた。

僕がソーラーカープロジェクトで得た大きなものは、「何もできない」と思っていたところから、「僕にも何かできるかもしれない」と感じたことである。それまでの僕は、とてつもない重い荷物を背負って生きており、重荷に耐えながら生きていかねばならないと思っていた。しかしレースを終えた後、その重荷がふっと消え去っていたのだ。びっくりした。あまりにも軽い自分自身の身体で、僕のやりたいどんなこともできそうな気がした。

じゃあ僕は何をやりたいのか。そう考えたとき、人と徹底的に意見をぶつけ合いたい。自分自身の奥底から生まれてくる、どうしようもない感情を表現したいと思い、全身を使ってできる表現、よりいろんな人がいろんな形で関われる表現として、ミュージカル・プロジェクトを提案することに思い至ったのだ。

表現をして生きていくこと

僕は、これまで紹介してきたプロジェクトのほかに、映像プロジェクトにも長い期間関わってきた。映像プロジェクトでは、映像制作の企画をしたり作品の構成を組んだり、シナリオを書いたり、照明を担当したりといった関わりをしてきた。役者を頼まれて作品に出演したこともある。最近始まった「シューレ大学国際映画祭～生きたいように生きる～」では、実行委員としてイベント全体の制作や作品の選考、トークセッションの司会を担当した。自分から提案した映像を制作したことも何度かある。

プロジェクトに関わると、日常がかなり忙しくなる。頑張りすぎて疲れ切ると「あれ、なんでこれをやっているんだっけ」とも思う。また、苦労もある。これまで述べてきたことや、自分自身の劣等感や苦しさと向き合わないと進めないことも多い。僕のなかに大きくあった「人への怖さ」は、ほかのメンバーにも共通することで、そこで起きるコミュニケーションのずれは、これまた様々な苦労も生んできたと思う。

そんなに大変なら辞めればいいじゃないか、と言われそうである。僕自身も何度かそう思って、参加するプロジェクトを減らそうとしたこともある。しかし、しばらく経つと状況が気になって、また舞い戻ってしまうのだ。

それはなぜか。直接的な答えではないかもしれないが、真っ先に思うのは、僕はもう一人きりで表現しようとは思っていないからだ。人と一緒に何かやりたい、人から出てくるものに真っ先に巻き込まれたい気持ちが、僕のなかにあるような気がするのだ。

プロジェクトは、いつどんな面白いことが起こるか分からない場所である。プロジェクトに所属して、ミーティングに参加していたら、誰かが提案した面白そうなことに真っ先に立ち会える可能性が高くなる。

「一人で表現しようとは思わない」という思いは、シューレ大に入った頃を考えるとまったくもって大きな変化である。

シューレ大学に入る前、僕自身のある部分は固い殻の中にしっかりと閉じこもっていた。その殻の中にあるものこそが、かつて僕の表現の源だった。だが、シューレ大で人と一緒に表現していくなかで、その殻は開かれていった。始めは絵や歌で遠慮がちに。後にはソーラーや演劇で大胆に。殻を形づくっているカルシウムは、人への恐怖心が供給していた。僕は今やあの頃のような圧倒的な人への恐怖感を持ってはいない。殻の中身は表面的なものではなく、より深い部分で他者とつながることを求めることだった。表現において、つながる可能性があると僕は感じているのだと思う。

この僕の変化は、正にシューレ大での表現の在りようと言っていい。シューレ大学で表現しようというとき、身につけるべき技術も、押さえなければいけない知識もない。自分から始まる表現で大事なのは「自分が何をしたいのか」である。学校で絵や演劇や映像を身につけようとするとき、知識ややり方は身につくかもしれないが、「自分はそれをどのようにやりたいのか」は見つからないことが多いのではないだろうか。もちろん、シューレ大学においても見つけるのは簡単ではない。しかし枠組みに合わせて我慢や無理をせず「自分はどうしたいのだろう」と問うことによって、少しずつでも自分なりの表現のやり方を手に入れることができるのではないか。

互いに率直に言い合って理解し合おうとすることで表現していくことが、シューレ大学の表現の特徴だ。それは狭いシューレ大学の学生とスタッフの間だけで起こっていることではなく、演劇や映像のプロフェッショナルの人たちが真剣に、情熱を持って関わってくれていることが大きい。

僕はなぜ表現をするのか。

表現をするとき、僕は生きている実感を得る。表現は僕にとって魂の食べ物である。この「生きている実感」こそが、魂の食べ物ではないかと思う。表現に触れるとき、あるいは表現するとき、僕は想像力の手を他者に、世界に、自分自身に、めいっぱいに伸ばす。その手を伸ばすとき、僕は確かに自分自身がこの世界で生きていることを感じる。この手は、表現を通じて多くの人とつながってきた。そして今、この本を読むあなたへもきっとつながっている。

シューレ大学の風景

83

自分から始まる表現――縛りを解き放つひとつの方法

シューレ大学の表現活動は、プロジェクトと講座を中心に行われている。プロジェクトには演劇、映像、ソーラー（※1）、音楽の四つがある。これらのプロジェクトは、複数のメンバーが共同で何かを制作していく活動をしている。どのプロジェクトも決まった講師がいるわけではなく、基本的に学生が自分たちで試行錯誤しながら制作活動を積み上げていく。さらに必要に応じて、アドバイザーを始めとした専門家にアドバイスをしていただいたり、連続ワークショップを開いていただいたりすることもある。

講座での表現は、絵画を描き合評することなどを中心とした「美術」、詩・小説などを書き合評を中心とした「創作・ディスカッション」、その人に合った身体表現で踊る「コンテンポラリーダンス」、自分の歌声を磨いていく「ボォイストレーニング」、アンサンブルの演奏を中心とした「オカリナ」などがある。

表現を発表する機会は様々にある。毎年開催する公開イベントは、一般に向けて表現する機会だ。さらに二〇〇八年から毎年夏に行われる「シューレ大学国際映画祭～生きたいように生きる～」も、映像作品を発表する機会となっている。

また日常的な活動として、音楽の演奏、詩の朗読、演劇の上演などを毎月発表したり、年度末に個々の学生が、一年の自分の表現や研究を発表する「報告会」もある。さらに、必要に応じて自分の表現発表をプロデュースする機会もある。プロジェクトや個人が企画する写真、染色、美術の展覧会、コンサート、演劇公演、上映会なども必要に応じて開かれている。

これらの時間を基盤にして、学生たちは心惹かれる表現活動に取り組み、自分が触れてみたい表現に真剣に取り組むことを謳歌しているように見える。

しかし、真剣に表現活動をすることは簡単ではない。まず、表現する自分が他者の目にどう見えるのかが大きなハードルになることがある。ちょっと決まりが悪いこともあるが、もっと強烈な「恥ずかしい人」として烙印を押されるのではないかという恐怖に似た感覚を持つ人は少なくないのだ。だがここでは、ダンスや演劇に取り組むことで茶化されたり、冷やかされたりするようなことはまずないので、シニカルな視線がやりたい表現活動を阻むということは基本的にない。

それでもなお困難はある。かつて、シューレ大学に出合う以前に、授業などで歌や絵などを比較され恥をかかされたり、クラス全員の前で演奏させられ過度の緊張にさらされるような経験から、表現をすることに恐怖感や極度の緊張感を感じるようになったり、自分に表現する能力がないというような否定感を持たされてしまったりしている人も多い。

ほかにも、やりたい気持ちはあっても、いざやろうとすると職業に結びつかなければ価値がない、お遊びですることは意味がない、と自分のなかにある考えがちらついて踏み出せなくなるという話も聞く。「表現は経済的に自立することのできる人がやることだ」と言われた人もいる。表現は、何か特別な才能がある人がすることという発想が縛りとなることもある。自分がする表現のできが、自分の評価になるだけでなく、自分の価値を（たいていの場合、価値がないということを）暴露してしまうという恐怖が足かせにもなる。

表現を真剣にしてみようと思うとき、このように様々な障壁が立ちはだかることがあるが、困難はそればかりではない。初めて体験する表現であっても、表現についてのイメージが、意識の先に何らかの先入観としてあり、その先入観と比較して「そのようになっていないものは未熟なもの、価値のないものではないか」という疑念をもたらすこともある。抽象的で漠然としていても「こうでなくてはならない」というプレッシャーから人目に晒されることが脅威になることもある。それではせっかくの斬新なアイディアも、自ら捨ててしまうことにもつながってしまう。

それらの困難に対しアドバイザーのアドバイスを受けることによって、斬新なアイディアを捨てずにすんだり、取り込んでしまっていた先入観から解放されたりということが珍しくない。また、情熱を持ったアドバイスや、密にコミュニケーションをとりながら進めてくださっている存在はとても大きい（※2）。

シューレ大学の表現活動で起きていることのひとつは、自縄自縛して表現活動に立ちすくんでいる若者たちがその縛りを少しずつ解き放していくことであり、「こうすべき」「こうあるべき」という内面化された世の中から吸収した価値観を相対化し、自分の感性や価値観を構築しつつ、表現の世界を探検することである。

何らかの表現をしようとするときに立ちはだかる壁が高くても、なお表現することをあきらめないのは、人が自分であろうとして、自分の内から湧いてくる命の泉のようなものがそこに横たわっているからなのかもしれない。

しかしこのような状況では、表現に対する怖さは人の目に触れることの怖さであることにもつながる。それでも、表現をする以上は人に見てほしいし、感想を言って欲しくなる。否定される不安を早く鎮めたいのだ。そして自分の表現が、つまりは自分自身が他者に否定されず、むしろ肯定されることをどこかで渇望しているのではないだろうか。シューレ大学の表現発表の後には、可能な限り感想の時間をたっぷりと取っているが、そのような背景があるからこそ大切にしているのである。

シューレ大学が始まったばかりの頃は、表現をすることが今よりもっとハードルが高く、他者の視線を避けるように目をつぶり、振り切るようにして踏み出すことが少なくなかった。しかし、現在は受け取る相手を感じて、あるいは受け取る相手に開いて、コミュニケーションのひとつとしての表現を大切にしようという形に変わってきた。それは、自分と人の表現を大切にしたいという多くの学生の気持ちが、安心して表現をしやすい場の空気を生み出していることが大きいように思う。

表現活動自体のしかたにも変化がある。映画にせよ、演劇にせよ、美術の展覧会でも、現在は、「共同制作」的に取り組んでいこうとする流れがある。この場合の共同制作というのは、ひとつの芝居でも、一本の映画でも、一緒にひとつの表現をつくっていく際に、それぞれがまず目指す方向性を表し合い、感じ合い、重ね合わせていき、そこで生まれた方向性に向けて、それぞれの持ち場で進めていく。特に自分の持ち場やほかの持ち場に関することでも「こうした方がいい」と思うことは押さえ込まずに話し合う。共有する方向性を持ち、その目指すところに向けて他者の感性を踏まえながら、自分の感性・考えを感じ出し合い、つくり上げるやり方がある。

このような表現活動は、研究とは違った精神の使い方であるかもしれない。しかし、根底に共通しているのは、自己の発見と世界とのつながりを創造しているという点だ。やはり、表現することも劇的であると感じざるを得ないのである。

（朝倉景樹）

※1　「ソーラープロジェクト」は、数年間ソーラーカーを製作し鈴鹿サーキットで行われている国際ソーラーカーレースに参加することを中心に活動してきた。速さを競うことだけを最優先せず、自分たちで作り、レースに参加するということを基本に活動してきたため表現の章で紹介した。現在は、ソーラーカーに限らず環境と人との関わり全般に関心と活動が広がっている。

※2　幸いにも多くの素晴しい専門家にお世話になっている。映像ではアドバイザーの羽仁未央さん（マルチメディアプロデューサー）、原一男さん（映画監督）。演劇で

はアドバイザーの平田オリザさんのお仲間の杉山至さん（青年団・突貫屋）、横田修さん（タテヨコ企画）、倉品淳子さん（山の手事情社）、横山仁一さん（東京オレンジ）、詩森ろばさん（風琴工房）、山田裕幸さん（ユニークポイント）、わたなべなおこさん（あなーざーわーくす）。音楽ではアドバイザーの折田真樹さん（声楽家）、同じく上田敏さん（ピアニスト）、講師の橋口聡さん（ミュージシャン）。美術ではヤズミン・アウェースさん（写真）、マーガレット・キンプルさん（染色）、木村佳子さん（宝飾デザイン）、芳賀のどかさん（エディトリアルデザイン）など、そのほか多くの方々に並々ならぬアドバイスや協力をいただいた。

第6章

自分の生き方をつくる

信田風馬

私にとって生き方をつくるとは

「シューレ大学でいったい何をしているのか——」と問われることがある。そして説明しようと試みながらも、適切な言葉が見つからずにあたふたしてしまう私がいる。

私はシューレ大学でいろいろなことをしている。たとえば不登校や教育の歴史を学び、自分と不登校の関係について研究し、演劇をしたり映像制作に関わり、自分が気持ちよく働ける場所を生み出そうと試みている。だから、日常的に行っているそれらの活動を引き合いにして「私がシューレでいったい何をしているのか」を説明するのは適切といえる。にも関わらずそうしないであたふたしている。その理由を考えると、さしあたって二つのことが思いつく。

一つめは、そんな説明をしてもわかってくれないのではないか、という思いがつきまとっているからである。たとえばこれが有名大学であれば、大学名を出しただけでほとんどの人は納得し、学部名まで名乗れば、それ以上そこで何をしているのか説明を求められることもない。しかしシューレ大学の場合は「シューレ大学」と名乗った瞬間からむしろ謎が深まる。「シューレ大学」を説明するには多言を要する。そして多言を要した結果、よくわかってもらえなかったということもある。もちろん理解してもらえる場合もある。だから一つめの理由は、自分という存在に自信がないということに尽きる。

二つめには、日常的に行っている活動を引き合いにして説明するだけでは、何か言葉が足りず、気持ちよく説明できないからである。研究をしている、演劇をしている、働く場所を創ろうとしている、それは事実なのだが、同時に「研究や演劇や働くために生きてるわけじゃありません」とつけ加えたくなる。また研究やら演劇やら働くことが別々に存在し、異なった意識で行っているわけでもない。それらをとおして、ひとつのことをしようとしていることを説明したくなる。それをごく単純に言葉にすると「生きようとしている」ということになる。だから一番気持ちよく説明すると「私はシューレ大学で生きようとしています」になるのだが、このように説明するのは自分でも気恥ずかしいうえに、あらゆる説明のなかでもっとも不親切になってしまう。

私は生きようとしている。しかし裏を返せば、どう生きていけばいいかわからない。

「どう生きていけばいいかわからない」と言うと「どのような職業についたらいいかわからない」というふうに聞こえる方もいるかもしれない。だとしたら、そのこと自体に私の息苦しさの一端がある。私がどう生きていきたいのか、そのことを考えるよりも前になさねばならないことがある。たとえば私がどう生きていきたいのかということに関係なく、何かの職について金を稼ぎ続けなければいけないことが決まっている。働くことだけにとどまらず、多くのことが決まっている。そして決まっていることができないので、私はあたふたしている。

「生き方を創る」などというと、なにかたいそうなビックプロジェクトのようである。けれども実際に行っていることは、自分自身をおいていかないで生活するにはどうすれば可能か、そのことを模索し実践しているのみである。そして、生き方を創ろうとしている私とは、力強い逸脱者でもなく、解脱したマイスターでもなく、この社会で「普通」の生を全うすることがどうにもできる気がせず、他人の評価ばかり気にしながらあたふたしている二八歳である。

のびのびと生きていける環境がないので、自分でつくるしかない。「生き方を創る」ということの発想はとてつもなくシンプルであるがむずかしい。生き方をつくる前に「私はどのように生きたいのか」を考えねばならないからだ。

私は二〇数年間、「どのように生きたいのか」考えてこなかった。だから今考えている。まじめに考えている。そしてシューレ大学とは、そういうまじめなことを問うには本当に最適の場所である。

手も、足も、出ない私

私は昔の記憶が鮮明でないことが多い。昔の友人と久しぶりの再会を果たして思い出話に花を咲かせる、という時に、私だけがいっこうに思い出せないというようなことが少なからずある。そういうことが続くと、どうも自分は薄情な人間だなあ、などと自責することもあるのだが、いま思い返すと、薄情というより、自分の頭で考えることを放棄していたから記憶がないのではないかという気もする。私はそのように意識していなかったけれど、当時からどう生きていけばよいか不安で、周囲についていくだけで精一杯だったのかもしれない。

シューレ大学に入る以前、私は五年ほど働いていた。その頃の記憶も鮮明とはいえない。それでも薄い記憶のなかに過去の自分を探ると、働くことへの虚脱感とあきらめ、そして、やたらとアイロニカル（皮肉な、当てこするといった意味）で、他人に難癖をつけてばかりいる自分の姿がよみがえってくる。私は、捨て鉢であったように思う。私は働きながら、しかしやる気がなかった。もちろんやる気を出したかったのだが、やる気が湧いてこなかった。働くことそれ自体には一瞬一瞬に楽しさを感じるのだが、どうしても未来への展望を感じることもできず、この職場で働き続ける自分を想像することができない。特に理由もなく、いつか自分はここを辞めるんだということを考え続けていた。気持ちがこもらないので仕事の出来もムラがあった。雑な仕事振りをほかの人に注意されると「別に働きたくて働いてるんじゃない」と不満を持つこともあった。しかし、その不満の出所を職場に求めるのはむずかしかった。

私が働いていたのは、不登校に関わる情報を発信する非営利の団体だった。そのような特殊な場所で働くことになったのは、私自身がそもそも不登校であったことに由来している。不登校は今なお偏見にさらされているが、そのことは現在の私にとっても変わらず切実な問題としてある。そこで働くことは、私自身の切実さと結びつくはずで、事実そのように感じる瞬間もあった。また、営利活動を第一目標としていない職場であることも関係してか、人間関係も決して悪くなかった。

それにも関わらず、不全感がつきまとった。「まあ人生とはこんなものだ」というふうに、私はいつしかあきらめていた。「自分はそもそもやる気のない、ダウナー系

（俗語で鎮静剤の意味。転じて、気のめいるような、抑うつ的な、退屈な、という意味）の人間だからしょうがない」と先天的な問題にすりかえれば、とりあえず落ち着いた。幸いにしてか不幸にしてか、そのような気持ちで働いている人が世の中にたくさんいることを私は知っている。「人生とはそんなもので、働くことは必要だからやっているだけ」。そうこぼす人の多くは、おそらくそれで満足できるわけでもない。仕事以外の何かで、ぽっかり空いた穴を埋めようとするだろうか。

少なくとも私は週末になるとサッカー場に通い、穴を埋めようとした。私が愛好してたサッカーチームはその頃弱く、無残に負けることも多かったが、時に劇的に勝利した。そのことと自分の在りようを直接的に重ね合わせたとは言い切れないが、現実では味わえないような期待感が得られ一時的な飢えは満たされた。まわりを見渡すと、どこかの誰かが私と同じように顔を上気させている。この場でこの試合を見て、同じように興奮している名も知らない数千の人は、自分と同じ事情でここにいるのかもしれないと思うと、何かが温まった。私は芝の上と客席を、ほとんど交互に見ていた。

しかし、非日常も毎週のように繰り返せば、それは日常の一部である。そしてチームは私の過剰な期待に応え続けてくれるほど強くはなかった。非日常性を味わうという役割としてサッカーは適切でなくなり、私は日常を受け入れなくてはならなかった。

もっとも、それは最初から予想していたことではあったけれど。

もう何も考えたくなかった。考えてもいい想像など出てこない。職場で言われたことをこなし（こなすこともできなかったが）、あとは家で飯を貪り食って寝る。その繰返しに集中し「よけい」なことは考えないようにした。外部からの刺激を極力避けようとすると、他人と会話することも面倒になった。私は「死」を意識した。といっても積極的な自死ではなく、このままあっという間に老いさらばえて気がついたら死んでいるのではないか、そんな消極的な死をイメージした。どうやって生きていけばいいのかわからない。自分が何を望んでいるかもわからない。じわじわと追い詰められている。手も、足も、出ない。そんな気持ちだった。

シューレ大学を認識する

そういうさなかに、私はシューレ大学を「認識」した。実は以前からシューレ大学の存在は知っていた。なぜなら、私の働いていた職場の同じフロアで、シューレ大学は活動していたからだ。しかし私はシューレ大学を避けていた。共同のトイレや台所で学生たちとすれちがっても、挨拶ひとつしなかった。そして「社会に居場所がないからこんなところに集まっちゃって、恥ずかしい」などと散々に陰口をたたいた。私は「不登校が偏見にさらされていることは現在の私にとっても切実な問題」と先に書いたが、当時の私にとって、その思いは不登校のみに該当するものであって、「ひきこもり」や「ニート」等々、いわゆる「生き難い」人々には偏見を持っていた。いま思うとその偏見は、私自身がこの社会に「生き難さ」を感じていることを認めたくない、という思いの裏返しであった。そういうことは不登校で終わりにしたかったのだと思う。

シューレ大学の学生たちを見ていると、私が悩み、考えていることと同種のことを、私と違って正面から悩み、考えていて、何も考えないことが唯一の救いであった私からすれば、脅威以外の何者でもなかった。

私が頑なに避け続けていることを知ってか知らずか、学生たちは入れ替わり立ち替わり私に話しかけてくる。他者を遠ざけたい気持ちは他者と近づきたい私でもあった。私はいつしか、仕事が終わってもシューレ大学に入り浸るようになり、学生たちに酒を飲みに行こうと誘われれば、間抜けなほどに喜んでついていくようになっていた。「手も、足も、出ない私」の苦しみとは「手も、足も、できれば出したい私」が故の苦しみかもしれないと思うようになった。そして相変わらず、働くことに不全感がある私は「シューレ大学に自分が入ったらどうなるだろうか」ということまで想像した。

しかし、実際に入学することにはためらいがあった。ためらいを煎じ詰めると、結局のところ金と働くことへの不安ということになる。仕事を辞めてシューレ大学に入学したところでいったい何になるのか、何の保証があるのか、そのような不安は根強かった。一方で「何の保証もない」ところに惹かれている部分もあった。働くことに希望を感じられないのに、それでも社会的に承認されることを求めて「就労している自分」「金銭的自立をしている自分」という看板にしがみつかねばならない己を変えたかった。

迷いに迷った。周囲に迷惑をかけまくった結果、私は仕事を辞め、そしてシューレ大学に入学した。

こわばりを解きほぐす

シューレ大学で自分を崩壊させたい、私はひそかにそう思っていた。それまでの人生をアイロニカルに生きてきた私は、いつのまにか「やりたいこと」よりも「やりたくないこと」のほうが圧倒的に多くなっていた。「自分から始まる」シューレ大学だが、自分から始まると何も始まれない。私の「考えていること」と「望んでいること」はあべこべになっていた。

だから、それまでの人生で恥ずかしかったり、バカバカしかったり「とてもやれない」と思うことを、できるだけ積極的にやるようにした。演劇をするにしろ、自分の研究をするにしろ、意識としては「とてもやれない」と思うことをやっているので、楽しいかと問われれば底抜けに楽しいとは言い切れない。だが、かつての私を知る人は「昔は目が澱んでいたけれど、今は楽しそう」と言ってくれる。その言葉を躊躇なく受け入れられるほど素直ではないが、ちょっと大目に見て、以前より解放されたと思える私もいる。自分にはやりたいことがあり、他者の関わりに徒労感以外のものを感じるようになった。控えめにみても、できることの幅は広がっているのは確かだと言える。

しかし、金と働くことの問題だけは価値観が崩壊しないまま、絶対の真理として大きく横たわっている。自分はこのまま一生シューレ大学に在籍し続けるわけではない。いつかは働き、一生金を稼ぎ続けなければならない、そう思った途端にすべてが虚しくなり、やりたいことも他者と関係する喜びも、簡単に雲散霧消した。私はいとも簡単に息詰まる。

そうして息詰まっている頃、私はシューレ大学の「生き方創造コース」という講座に参加するようになっていた。「生き方創造コース」という名前は、なにやら神の存在を予感させるが、神とは一切関係がない。参加者それぞれが、自分は果たしてどのように生きたいのか、それはどのようにすれば可能かを探り、考えディスカッションする時間である。「社会と自分」「時間」「家族」「労働」「コミュニケーション」「お金」という六つのテーマから、自分にとって切実な問題と向かい合うが、現在では参加者が自分自身の縛られているものと向かい合い、こわばりを解きほぐすことに重点がおかれている。

私はそこで「労働」について考えを深めていく……予定であったが、思うように深まらなかった。自分自身の経験や、社会の労働に関する価値観など様々な視点から私と労働の関係について迫ろうと試みたのだが、無力感のみが募った。労働についての研究書も紐解いたが、何も頭に入ってこなかった。

「無価値・無能力である」自分の出所を探る

私は焦燥感にさいなまれた。そしてある時、ほとんどいら立ちに任せて「結局のところ金がないと生きていけないじゃないか」という内容のレジュメを作り発表を行った。「自分から始まる」だの「生きたいように生きる」だの言ったところで、いつかはいやでもあくせく働かなくてはならないのに、欺瞞もいいところだ。私はそのように言いたかったのだろう。考えが深まらないのも道理である。私はすでに答えは持っていた。

私のいら立ちをぶつけられた参加者は、別段バカにすることもなく、むしろ様々に反応を返してくれた。そして私はぼろぼろと発見した。

まず、私のイメージする「労働」とはほとんど賃金労働に限定されていた。「誰かに雇われなければ生きていけない」という不安が息詰まりの出発であった。そして、学歴のない私を雇ってくれるところはたしてあるのか、という思いも内心強かった。「自分を雇ってくれるところなどあるのか」などと言うと必ず「学歴社会も崩壊しつつあるから心配しなくていい」と励ましてくれる人が現れる。励ましてもらうまでもなく、学歴を跳ねのけて成功した人々のエピソードがあまたあることを、私はすでに知っている。そしてエピソードの登場人物たちの多くがしたように「学歴保持者の数倍以上の努力」を私がすれば、学歴がものさしになっている社会を突破することは可能かもしれない。しかし、私はとてもそのように働けるとは思えなかった。

「自営業」にしても同様だ。私には一人で商売を起こす自信も、気力も、「これで身を立てたい」と思えるような情熱的なものもないように思われた。独力で生きられない以上、何かにすがらねばならない。働くこと＝雇われ仕事というイメージはよけいに強まった。もっとも、私がかつて働いていた職場は学歴で人を測るような場所ではなかった。それにも関わらず、己の能力を値踏みされ、価値を測られる（それも低く！）と感じるとすれば、自分自身を無価値・無能力であるとあらかじめ決め込んでいるからに他ならなかった。

私は他者から測られることを恐れ、他者を測ることを恐れ、それらから逃れるためにいつも「半身」で、限定的に世界と接していたように思う。何かを愛したり、他者と向かい合うことと同様に、働くことは自分が無価値・無能力であるという馬脚を露しかねない、そのように思えた。

「無価値・無能力である自分」という自己認識の出所を探ると、私が不登校だったという事実に行き着いてしまう。私は長らく自分が「不登校を肯定している」と思い込んでいた。今でも不登校を悪いことではないと思っているし、不登校児が特に無能力だとも思わない（そもそも人間を能力で測ることが間違っている）。けれども私は不登校をとおして、自分自身が無価値・無能力であると深く刻印していたようだった。

働くことも、賃金を得ることも、とてつもなくハードルが高いように感じていた。

それに輪をかけて「働かざるもの食うべからず」という言葉が示すように、働くことは必要を超えて「人間の条件」になってしまっている。賃金を得ることと、人間であること、二重の意味で働くことが不可避であるならば、息を殺してそれに準ずる以外には考えられなかった。当時の私にとって働くこととは、我慢することであり、賃金とは魂の売値であった。こんな状態で、展望も未来も感じられるはずがない。もちろん働くことだけではない。生きていくこと自体が、我慢そのものであった。

働く場所をつくってみる

働きにくさの構造が分かっただけで、私は少し息ができた。シューレ大学に入った後も定期的に賃労働をしていて、以前のように測られている感覚に陥りそうになったこともあったが、そんなときに踏み止まれるくらいの余裕は出てきた。余裕が出てきたのは構造が分かったせいばかりでもない。私にとってシューレ大学という場所が、いよいよ不動の位置を占めだしたことも関係している。半身で関わることがむずかしいシューレ大学で、私は次々と「馬脚」を露したが、それがことごとく否定も嫌悪もされなかった。「金がなければ生きていけないじゃないか」という発表も、もしかつての私が聞く側であれば一笑に付すところだが、誰もそんなことはしなかった。それまで、私はずっと一人で生きているような気がしていたが、日々の積み重ねのなかで、段々と一人ではないような気になってきた。

しかし「生きていくための金をどのように得ていくか」そういう実際的な問題は依然として残されている。ならばこのシューレ大学で行われているような関係性を広げて、働く場をつくることは可能だろうか。「働きたいような職場を自分たちでつくっちゃえばいいじゃん」というのは発想としてはシンプルである。しかし実現はどうにもむずかしそうにも思える。

だが私がそういうことを考える前に、以前からいる学生たちはそういう実践を積み重ねていた。学生有志でつくる「アルバイトの会」がそれである。学生たちは地方出身で一人暮らしをしている人も多く、また学校法人ではないことが影響してか、親の理解が得られにくく学費を出してもらえないこともある。生活費や学費を自分で工面するためにはアルバイトをしなくてはならないが、アルバイトの拘束時間が長かったり、勤め先の労働環境が悪かったりすると、そちらに力を使い果たしてしまい、自分のやりたいことをやる余力がなくなることもある。そこで、自分の時間や気力に余裕があるときに、少しでも生活の足しになるようなお金を稼げる仕組みをつくろうと「アルバイトの会」を結成し、様々な仕事を募集することにした。

アルバイトの会は何でもやる。たとえば、会議録を録音したテープの文字起こしから、庭の雑草抜きや、お墓の掃除まで。知り合いや、すでにつながりのある人を中心に仕事を募集しているので、いつでも仕事に溢れている、というわけにはいかない。それでも生活の足しにはなっているし、何よりも気疲れがない。シューレ大学では「自分から始める」ということを大事にしているが、一般の労働現場では、自分から始まる云々はむしろ望まれない場合もある。するとシューレ大学と働くことの間に落差が生まれてしまい、働くことが気疲れにつながってしまう。そういうことも避けられた。

アルバイトの会ではシューレ大学と同様に、あらゆることを徹底して話し合いながら決めている。たとえば、生活の困窮具合は人によって様々であり、「今月は大ピンチなのでたくさん働きたい」という人も時に出てくる。その時は、ほかのメンバーにできるだけしわ寄せがいかないように工夫しながら、その人に仕事を譲るということもある。また、仕事を請け負った人が、急に働けなくなってしまった、という場合も出てくる。シューレ大学にやってくる人々は、過去の社会生活のなかで傷ついたり、苦しさを抱えている人も多く、そのことと向かい合い、葛藤する日々は自ら始めたことはいえ決して楽ではない。だから時に動けなくなることがある。私も「あ、今日はどうしても起きることができない！」という朝があったりする。これが普通の会社や学校であれば休むことなど許されないが、シューレ大学ではお互いが「そういうこともある」ことを了解しあっているので、ほかのメンバーでなんとかやりくりしながら、できるだけ安心して休めるようにしている。

もっとも全員が休んでしまったら成り立たない。だから「休む」ということについても徹底的に話す。お金の分配の話などは長引くことも多いけれど、できるだけメンバーが納得しあえるように工夫をしている。

アルバイトの会は仕事を請けるばかりでもなく、仕事をつくり出すこともしている。「マルセイユ石けん『あわあわ』」は、オリーブオイルを主原料とした学生手作りの石けんである。一個五〇〇円で販売しているため少し値段が高いと言われることもあるが、その分手間をかけてつくっており、愛用してくれている方も少なくない。

働くことのハードルを下げてみる

このアルバイトの会の流れを、さらに前に進めた試みも始まっている。特に、映像撮影や作品の制作を請け負う「映像工房」と、グラフィックデザインを専門に行う「デザイン工房」の二つのプロジェクトは具体的に進行している。

私も関わっている「デザイン工房」は、チラシのデザインレイアウトや、デザイン名刺の作成、ＤＴＰ、ウェブページのデザインや構築などを請け負っている。デザインに関する専門的な教育を受けた人は一人もいないが、プロのエディトリアル・デザイナーに、デザインのワークショップを適時開いてもらっている。絵やデザインに興味があり、自分の興味を仕事につなげたい思いを持つメンバーが集まり、デザインを主とするメンバー、営業や会計を主とするメンバーで、企画・運営を話し合いながら少しずつ金銭を得る活動の幅を広げてきている。

アルバイトの会やデザイン工房に関わるなかで私は、我慢しなくてもお金を得ていくことは可能かもしれないと感じ始めている。私が働くなかで感じていた我慢は、自分以外の何かにならなねばならないことへの我慢だった。私が無価値・無能力であることは、私の思い過ごしだったかもしれない。しかしたとえば「どうしても起きられない朝がある私」はどうだろう。それを認められるような会社なり働く場所は、どれだけあるだろうか。自分のペースを大切にし、一緒に働く相手のペースを大切にするような働き方ができる職場は、どう考えても少ないように思える。

自分を大切にしながら働けると、仕事をくれる相手も大切に考えられるようになる。以前はどうしても仕事を「与えられている」感覚で、相手に従わねばならない気持ちになった。すると不満にもつながるので、粗雑に仕事をこなすことも少なくない。しかし今は、私が請けている仕事が何の意味があって、どういう場所で生かされるのかを理解するために、相手とやり取りしようとする気持ちになる。すると、その仕事は相手が与えてくれたものではなく、私も一緒につくり合っているような気持ちになり、粗雑に扱うことはしにくい。「働くこと」のハードルはだんだんと下がってきている。

「働く場所をつくる」という試みは成果が出ているものの、まだ始まったばかりで何かを成し遂げたわけではない。また自分の生活をそれすべてまかなえているわけでもない。だからこれから先、どうなっていくのか不安な面もある。「世の中は甘くない」「働くことは厳しいもんだ」という普遍的な圧力を受ければ、どうしたって足下が揺らぐ。これも不安が成せる業なのか、専門教育を受けなければやってはいけない仕事ではないか、そういう思い込みが強いように思う。

しかし「世の中は甘くない」ということを仮に事実だと認めたとして、それで「自分の働きやすい場所をつくる」という試みをやめようとは今は思わない。成果が出ているから、ということが第一の理由だが、第二は、抗う前にあきらめてしまう、ということが私の息苦しさの根本であると知ったからだ。

DiY（Do it Yourself）という言葉がある。日本では日曜大工を連想させるかもしれないが、そもそもは七〇年代に巻き起こったパンクロックムーブメントと結びついた文化運動だった。パンクロックは産業化された音楽を破壊し、自分たちの手に音楽を取り戻そうとした。破壊は同時に創造でもある。流通や制作を自分たちで取り仕切るインディーズレーベルが出現し、音楽産業に依存しないシステムが立ち上がり始めた。

私がシューレ大学で得たことも同様である。今ある選択肢のなかに最良がなければ、自分で始めればいい。だから私は、シューレ大学をただの「逃げ場」にしたくない気持ちもある。働くことは「必要悪」だから、それ以外の逃げ場を用意して折り合っていけばいい、そんな考え方もあるかもしれない。しかしいったいどこまで、そしてどこへ逃げれば私は楽になるのか。

逃げることは必要なことだ。だから時に逃げながら、しかしあきらめずに向かい合うところから始めたい。ここから学ぶこと、表現すること、働くことを取り戻したい。そして同じ思いを共有する人々と、生き難さを何とかしたいとあがく人々と響き合いながら「自分から始める」可能性を広げていきたい。時に転び、揺らぎ、あたふたしながら、できる範囲から少しずつでも。

シューレ大学の風景

カナダの
in Israel
過熱する
中国の学校教育

自分の生き方を創る——苦しまず金銭を得ていくための積み重ねを

現代の若者は、将来に対してあらかじめ否定しようのない、漠然とした絶望感のようなものを抱いているように感じられることがある。生きていくことは働かなければいけないことで、働くことは金と交換に自分を売ることで、自分を売ることはなんでも相手の言うとおりにしなければいけないという図式が、否定しがたく内面化されていることがある。このような図式の先にあるのは、世の中の流れに自分はついていけないのではないかと、あたかも人間失格宣告を受けているかのような感覚だ。

現代の社会では、金は経済の血流で、すべてのものは金を媒介にしてサービスがもたらされ、金が無ければ生きていけないと感じてしまう。それと同時に、金がモノも自分も人も、すべてのものの価値を測る一元的な尺度でもあるのだということを否定できないとも感じている。そんなふうに自分を切り売りし、評価されることに耐えられないと感じる社会でも、世の人々は立派に働いている。社会が許す範囲の働き方をするとしたら、かなり自分の姿を変形させて押し込めなければできない。自分にはそんな強い意志も、行動力、判断力、人間関係調整力等々、様々な力がない、つまり人間としての強さも能力もないのではという疑念が払拭できない。

シューレ大学で生き方を創ることに関して行われていることは、大きく分けると二つあるだろう。ひとつは、生きていくこと、働くことをとらえ直すことである。また、自分がどう生きていきたいのか、自分の価値観を自分なりに気づいていくことを始めることだ。この取り組みは「生き方創造コース」を中心に行われている。そこで多くの学生が始めに手をつけるのが、自分の過去を振り返り、自分の将来生きていくにあたって、自分のなかにある生き難さを構築している楔を発見していくことである。自分でも知らないうちに様々な縄を自分にかけていることに気づき、そのこわばりを発見し、どのように生きていきたいのかを検討していくのだ。

「生き方創造コース」では、二・三人の学生が発表を行い、ほかの参加者から質問や意見などをやり取りしている。このプロセスは、ほかの学生と一緒に進めることによって、研究を他者と共同で進めることと同様の意味がある。

もうひとつは、自分が関心のあるテーマで金銭を得ることを経験していくこと、金銭を得るためには、相手の言うことを何でも聞かなければいけないわけではなく、自分を切り売りしなくても金銭を得ることができることを確認していくことである。別な言い方をすると、自分でありながら金銭を得ることができる経験を積むことだ。

その一環として、教材映像の制作がある。世界のフリースクールなど世界各地の先進的な教育実践を取材した『世界の教育最前線』というシリーズだ。この映像は、ビデオ教材製作会社や大手書店を通じて、全国の大学図書館や研究所に販売されている。ほかにもケーブルテレビ用の学童保育を取材した番組の制作、教材ビデオでの助監督、一般大学での機材メンテナンスと使用説明の仕事、数人で簡単な映像編集を受けることもある。映像以外では、ウェブサイト制作と更新業務、チラシやパンフレットの制作、冊子の編集やレイアウトの請け負い、オリジナルのデザイン名刺の制作、オリーブオイルが主成分のマルセイユ石けんの制作・販売など、様々な形で仕事を行うプロジェクトも進めている。

これらのプロジェクトはパイロットプロジェクトと呼ばれ、映像工房、デザイン工房という活動名を持ち、営業活動から会計までを学生たちが担う。プチ起業体験とも言えるかもしれないが、それぞれ紆余曲折を経ながら少しずつ育っている。

しかし、先述のあらかじめ抱きつづけてきた絶望感は、そう簡単に払拭されることはない。今までに正職員として働いていたり、それなりの期間、派遣社員のような形で働いた経験がある学生の絶望感は、あたかも皮膚に滲み込んでいるかのような強さがある。身を削るように職場の求めることに応え続け、身動きが取れないところまで頑張って続かなくなり、消えるようにその職場を去るということを繰り返した学生、ファストフードのチェーン店で一定時間で客をさばく数の新記録をつくるほど、粉骨砕身懸命にあるべき働き方を体現して体が持たなくなり辞めた経験をした学生もいる。

また、それまでに得てしまった様々な事情からの自己否定も結びついて、そう簡単に絶望感が変わらないこともある。だが、苦しまないで相応の金銭を得ていくための積み重ねは、少しずつ実感され、徐々にこの絶望感に作用していっているように思われる。

現代の社会は、どこか何らかの形で自分であることをあきらめざるを得ないような経験をしてくることが少なくない。人にどのように思われるか、社会に通用する働き方や家庭の持ち方ができているのかなどを、自分の視点から考えるのではなく、拠りどころ無く無我夢中で、あるべき姿を感じ取り従って生きている若者がなんと多いことか。孤独と不安と怖さが、多くの若者たちのなかに存在する社会になっている。

このような社会で、実態があるといえない非常にあいまいな世の中で、あるべき姿を探し拠っていく生き方をやめたとしても、以前の家父長制的な人間関係に戻りたいわけではない。シューレ大学の学生たちが試みているのは、どちらでもない「私から始まる生き方」ということになる。「私から始まる生き方」は、それぞれが自分の存在を認めるところから始まる生き方であり、それぞれが他者の存在を感じあう生き方である。「自分を自分に取り戻す」ことから始り、実はそのことは「世界を自分に取り戻す」ことでもある。

シューレ大学の歩みはまだ一〇年余に過ぎないが、国内外の出会いのなかから「私から始まる生き方」が、この世界のあちらこちらで模索されていることを感じている。「私から始まる生き方」を模索し実現していくことは、「私」の縛りを解き放つことであり、それは社会や世界の桎梏《しっこく》を解き放つことなのである。

（朝倉景樹）

解説◉シューレ大学という生き方

芹沢 俊介

この本から、ある強烈なメッセージが伝わってくるのを感じる。そのメッセージを、あらかじめシューレ大学という実態があるのではなく、シューレ大学は、そこへの参加者一人ひとりが主体的に創るものだというふうに表すことができるだろう。そしてそうした主体的創造を通して学生たちが獲得してゆくのが、シューレ大学という生き方ということになるのではないだろうか。

シューレ大学という生き方は、「自分」から始まる。この本の執筆者の一人である松川明日美は小学校五年生で不登校になり、それ以後の彷徨の果てに、もう何かに期待するのは終わりにしたい、自分で考えたり決めたりして生きていきたいと思うようになった、そのときようやくシューレ大学と出合うことができたというふうに語っている。（第二章「『私からはじまる』ってどういうこと？」）。自分がやりたいことがシューレ大学（のカリキュラム）にあるから、入学するのではなく、「いま自分から始めたい」からそこに居ることを選ぶのだ、と述べる。シューレ大学という生き方の出発点を、この「いま自分から始めたい」という言葉が象徴している。

「いま自分から始めたい」というときの「いまの自分」について、同じシューレ大学生である信田風馬が次のように語っている。「生き方を創ろうとしている私とは、力強い逸脱者でもなく、解脱したマイスターでもなく、この社会で『普通』の生を全うすることがどうにもできる気がせず、他人の評価ばかり気にしながらあたふたしている二八歳である」（第六章「自分の生き方をつくる」）。

信田のこの自らを茶化すような自己対象化は、一見何気ないように見えて、それほど簡単ではなく、自己との悪戦苦闘のひとつの成果であることは一言付け加えておいてもいいかもしれない。

シューレ大学という生き方を最大限、特徴づけているのが「自分研究」である。

「自分研究」について、シューレ大学生平井渚は「学生が生きていく中で抱えている問題、葛藤や関心事などについて、軸を自分に置いて探求していくものである」と説明している（第三章「自分からはじまる研究」）。

興味深いのは、その「自分研究」のもっとも大事なポイントを、平井が「人と共に」取り組むことと述べているところである。これが共同研究を意味しないことは明らかであろう。またこの場合の「人と共に」は、集団の中でという意味とも違っている。主体はあくまで自分なのである。

松川は「人と共に」というときの「人」を、やや具体的に「悩みをどうしたらいいのか分からない私」から「どうしたらいいか分からない悩みを研究したい私」を宣言した途端、その自分の情報を他者に公開できるようになる、そのような他者だと説明している。私なら、受けとめ手といってみたい気がする。自分の情報を公開できるのは、そこに自分の存在を、自分の表出、表現を評価するのではなく、受けとめようとしてくれる受けとめ手がいるからではないか。実際、平井は、このような受けとめ手としての他者を得たゆえに、自身の抱えていた食の問題（摂食障害）に関して、これまで誰もなしえなかったくらい深く内在的な地点にまでに掘り下げた「自分研究」をものにすることができたのではないか（第四章「私で在る――人間として生きていく」)。

信田風馬が「それまで、私はずっと一人で生きているような気がしていたが、日々の積み重ねのなかで、段々と一人ではないような気になってきた」と記すときの、「一人ではない」は、このような受けとめ手の存在が内在化されてきていることの感覚の表現ではないだろうか(第六章「自分の生き方をつくる」)。

「人と共に」はかくて、シューレ大学における「自分研究」の独特の方法になっていることがわかる。

受けとめ手のいる場所を居場所と読んでいいだろう。右のような発言が学生たちの言葉として紡がれたということは、シューレ大学がこのような居場所の機能を十分発揮していることがわかる。居場所であることによってはじめて、松川のいう「他人が居るから自分を見失わないで居られる」関係の基底がつくられるのだ。

シューレ大学に集う学生のほぼ全員が、学校や職場で「他人が居るから自分を見失わないで居られる」体験とは逆の、「他人が居るから自分を見失う」体験をしこたま味わってきている。それが不登校状態をもたらし、引きこもることへとつながっていったことは確かだと思われる。

安心と安定という自己存在の基底がない場所で、人はどのような状態に追い込まれるかということに関して、シューレ大学生長井岳の「自分研究」が明らかにしている。長井は「職場の自分」と「本当の自分」の分裂・乖離に翻弄されていた自己をうめくような言葉で綴っている。「僕にとって働くことは、自分を捨てていくことだった」「僕にとって働くことは自分を殺すことだ」「バイトでの自分は人を殺せそうだと思った。僕は僕を殺しているのだから、人だって殺せるに違いない」（第四章「働く——人や自分を傷つけないで生きるには」）。

「働くことに希望を感じられないのに、それでも社会的に承認されることを求めて『就労している自分』『金銭的自立をしている自分』という看板にしがみつかねばならない己」というふうに、痛ましい自己認識を語る信田風馬もまた長井同様「本当の自分」を見失ってきた一人であったに違いない（第六章「自分の生き方をつくる」）。

こうした働くことの意味を求めての孤独な自己格闘が、受けとめ手なしで遂行できたとは思えないのだ。

須永祐慈の「自分研究」は、社会だけでなく家庭もまたこのような自分を抑えつけてくる「他人」の居る場所になっているという、親からすれば目を覆い、耳を防ぎたくなるような言葉を書きつけている（第四章「学校に行かない子どもを持つ親からの問いに反応する」）。

「子どもにとって『わかってほしい』のは、親自身が子どもを追いつめていることの認識であり、子どものそのままの存在や、その場所の（多くは家）に安心していられることの肯定なのだ。そこからようやく、子ども自身が、その思いを表面化させることができるようになっていく」。

自分の存在がまるごと肯定されたと感じること、同じことだがその場が安心して自分が自分でいられる場所であること、この条件が満たされてはじめて、子どもは、ひいては人は、内心に抱え込んできた自分の思いを表出したり、表現したりすることができるようになる。こうした過程を私は、D・W・ウィニコットの命題をそのまま用いて、〈ある〉は〈する〉に先行しなければならない、と記してきた。これは〈ある〉という基底——存在の受けとめられ感——を得れば、子どもは、というより人は、おのずから〈する〉に没頭していくものだというニュアンスとして理解できる。

もうひとつ、そのような〈ある〉が形成されるためには、そこに受けとめ手がいなければならない。そこに受けとめ手がいること、そこが受けとめ手のいる場所であること。ここをウィニコットは、「子どもは誰かと一緒のとき一人になれる」という命題にまとめている。人と共におこなう「自分研究」には、このようなウィニコットの命題が響いている。松川は「迷う過程を複数の人と共有することの楽しさ」と書く。

平井の「自分研究」の先には「苦しみはなくさなくても生きてゆけるのだ」という納得が待っていた。生き難さを抱えた自分を自分が受けとめられるようになること、このような自己受けとめに至る過程が「自分研究」であり、それがとりもなおさず、シューレ大学という生き方であることを知るのである。

（せりざわ・しゅんすけ……評論家。シューレ大学アドバイザー。著書に『家族という絆が断たれるとき』批評社、『もういちど親子になりたい』主婦の友社、『引きこもるという情熱』雲母書房、ほか多数）

シューレ大学
◉
〒162-0056 東京都新宿区若松町 28-27
TEL 03-5155-9801
FAX 03-5155-9802
http://shureuniv.org
univ@shure.or.jp

NPO法人東京シューレ【事務局】
◉
〒114-0021 東京都北区岸町 1-9-19
TEL 03-5993-3135
FAX 03-5993-3137
http://tokyoshure.jp
info@shure.or.jp

閉塞感のある社会で生きたいように生きる
オルタナティブ大学で学ぶ

2010年2月15日 初版発行

編者◉シューレ大学
発行者◉小野利和
発行所◉東京シューレ出版
〒162-0065 東京都新宿区住吉町 8-5
Tel・Fax／03（5360）3770
Email／info@mediashure.com
HP／http://mediashure.com

装幀◉芳賀のどか
カバー装画◉山本菜々子
イラスト◉山本朝子
編集◉須永祐慈

印刷・製本◉モリモト印刷株式会社

定価はカバーに表示してあります
ISBN978-4-903192-12-3 C0036